国际医药采购供应政策与管理研究丛书

解析美国 GPO

主　编　张振忠

副主编　张毓辉

科学出版社

北　京

内 容 简 介

为深入了解美国医药采购供应的政策与管理经验，中国卫生经济学会健康产业分会和青年卫生经济委员会发挥自身人才优势，组织专门团队对美国集团采购组织（GPO）进行了深入系统的研究，并在研究基础上撰写了本书。本书共分六章，主要对美国 GPO 采购模式、采购流程、管理方式、制度环境等进行了介绍和分析。美国 GPO 采购模式发展至今经历了上百年的时间，在法律法规和行业准则的约束下不断完善，与此同时也面临着一些问题和挑战。

本书可供我国医药采购供应政策的研究者、制定者、执行者、医疗机构和医药企业管理者参考。期待本书能为读者提供有益的信息和参考依据，为促进符合我国国情的医药采购供应体系的建设贡献绵薄之力。

图书在版编目（CIP）数据

解析美国 GPO / 张振忠主编. —北京：科学出版社，2020.12

ISBN 978-7-03-067252-0

Ⅰ. ①解… Ⅱ. ①张… Ⅲ. ①医药产品－采购－研究－美国 Ⅳ. ①F737.12

中国版本图书馆 CIP 数据核字(2020)第 250571 号

责任编辑：丁慧颖　杨小玲 / 责任校对：张小霞

责任印制：肖　兴 / 封面设计：吴朝洪

科学出版社 出版

北京东黄城根北街 16 号

邮政编码：100717

http://www.sciencep.com

艺堂印刷(天津)有限公司 印刷

科学出版社发行　各地新华书店经销

*

2020 年 12 月第　一　版　开本：720×1000　1/16

2020 年 12 月第一次印刷　印张：10

字数：190 000

定价：60.00 元

（如有印装质量问题，我社负责调换）

《解析美国GPO》编委会

主　　编　张振忠

副 主 编　张毓辉

编　　委　姜　巍　焦明丽　翟铁民

　　　　　宋　吟　周忠良　周成超

编委助理　董亚丽

前　言

启动新医改以来，我国医疗保障体系建设飞速发展，2010 年已实现医疗保障制度覆盖全体居民 95%以上的目标。截止到 2019 年年底，全口径基本医疗保险参保人数达到 135 436 万，全国参保率达到 97%。我国已经构建起全世界最大的医疗保障体系。医疗卫生服务可及性得到极大提高。

在此期间，我国医疗卫生费用呈现持续快速增长的趋势。2009～2019 年的十年间我国卫生总费用年均增长 10.7%，高于国内生产总值（GDP）的年均增长速度（7.7%）；政府卫生支出占财政支出比重由 6.3%增长至 7.5%，达到历史最高水平。2019 年我国基本医疗保险基金（含生育保险）总收入达到 24 421 亿元，比 2018 年增长 10.2%，是 2009 年（4493 亿元）的 5.4 倍，占卫生总费用比重达到 37.1%。

但是，在以药补医为主要特征的补偿机制下全国公立医院业务支出中药品和医用耗材支出占比达到 47.9%。药品和耗材流通领域的虚高定价是导致这一比例形成和医药费用快速增长的重要原因之一。

国务院办公厅于 2019 年印发《国家组织药品集中采购和使用试点方案》，对国家组织药品集中采购和使用试点工作作出了部署，明确了国家组织、联盟采购、平台操作的总体思路以期实现药价明显降低，减轻患者药费负担；降低企业交易成本，净化流通环境，改善行业生态；引导医疗机构规范用药，支持公立医院改革；探索完善药品集中采购机制和以市场为主导的药品价格形成机制。为此我国很多省市开始探索不同的采购形式。

国际上，很多国家在长期的实践中积累了很多成功的医药采购供应政策与管理经验。“它山之石，可以攻玉”，引进、学习和借鉴国外成熟的医药采购供应经验，助力各级政府机构探索创建适合我国国情的医药采购供应模式是当前政策与管理研究领域的重要任务。

为了完整、准确、客观地向政策研究者、制定者介绍国际上医药采购的主要模式和机制，中国卫生经济学会健康产业分会和青年卫生经济委员会发挥自身人才优势，组织专门的研究团队对当今国际上推行的主要医药采购供应模式进行深入细致的研究。研究团队以美国 GPO 为开端，本着努力确保内容的准确性、完整性和及时性的原则将研究成果撰写成《解析美国 GPO》。本书所提及的数据与案例不仅源于系统的文献查询，更多的是源于主笔团队两次美国现场考察，以及对构成美国 GPO 供应链的三方主体（GPO、医疗机构、医疗服务和产品供应商）中具有代表性的机构代表与专家所进行的专题访谈。访谈对象包括全美最具影响力的文森特（Vizient）和康信集团（HealthTrust）等大型 GPO 组织、知名医疗机构梅奥（Mayo）诊所，以及爱尔康（Alcon）和波士顿科学（Boston Science）等医疗服务和产品供应商。这些深层次交流所积累的第一手数据资料，为研究厘清 GPO 的运作模式，跟踪政策环境变化及阐述 GPO 与医疗卫生机构和供应商相互影响与作用关系提供了坚实基础与依据。

在美国，1910 年纽约医院管理局成立，即集团采购组织（group purchasing organization，GPO）采购的雏形发端，至今已有 110 年的发展历史。美国 GPO 经历缓慢发展期、急剧上升期、兼并重组期。在 GPO 数量上则表现为由少到多的蓬勃发展期，由多到少的兼并重组期，形成了当前全美 GPO 格局：少数大型 GPO 主导、小型 GPO 差异化竞争为辅，相得益彰，互为补充。Vizient、Premier、HealthTrust 和 Intalere 等几家大型 GPO 为主提供的服务覆盖面最广、成交额最大，但是也有很多区域性 GPO 为医疗机构提供特色、特需服务。美国医疗机构通过 GPO 采购的卫生产品和服务约占全部采购额度的 70%，美国有 98%的医院至少使用一个 GPO，各医院平均使用 2～4 个 GPO。美国 GPO 每年的总采购金额大约为 2100 亿美元。2018 年美国几个大型 GPO 的市场渗透率在 45%～83%，平均市场渗透率高达 60%。

助推 GPO 在美国迅速发展并被医疗机构广泛采用的动力因素，既有医疗机构主动节约成本、提升精细化管理水平、提升管理效率的内在现实需求，更主要的动力来自美国全面实施按病种付费医保补偿制度后给医疗机构带来的外部压力。可以说，医疗机构通过更有效的采购方式降低成本与向上游转移成本的内在需求和外部压力拉动的共同作用，为具有规模采购优势的 GPO 组织提供了广阔市场。

实践证明 GPO 的应用和推广能够同时为医疗卫生机构、生产商、政府、医保机构以及患者等各利益相关方带来诸多好处，能节约采购成本，提高医疗卫生机构运行效率，最终使患者从 GPO 模式中受益；提高供应商信誉，为供应商增值，促进生产商创新；还能节约政府管理成本，提高工作效率。

本书共 6 章，分别对美国 GPO 采购模式、采购流程、管理方式、制度环境等进行了深入的介绍和分析。第一章介绍美国 GPO 成立的背景和理论基础、所有权结构、发展历史、现阶段发展状况，以及主要 GPO 集团或公司基本情况；第二章介绍美国 GPO 的运作模式、招标采购流程和资金来源等；第三章介绍美国 GPO 有关法律和政策环境，如何对 GPO 进行监管；第四章介绍医疗卫生机构为什么选择 GPO，医疗机构如何选择 GPO，以及各类医疗卫生机构主要选择哪些服务；第五章介绍供应商为什么参与 GPO、参与 GPO 的方式，以及供应商实现合理利益的策略与做法；第六章介绍美国 GPO 对于卫生体系的影响，发挥了怎样的作用、取得了哪些成果、还存在哪些问题，以及未来的改革发展方向。希望本书对于我国药品集中采购改革，降低采购成本、控制医疗费用不合理增长、降低财政卫生支出压力、缓解医保基金压力等提供借鉴。

虽然 GPO 是美国采购医疗卫生产品和服务的有效模式，但对医院来讲通过 GPO 采购并不是唯一模式。美国 GPO 采购模式发展至今经历了上百年的时间，在法律法规和行业准则的约束下不断完善，但也面临一些问题和挑战。本书仅从美国医药采购供应这一角度，对美国 GPO 采购模式进行系统介绍，以期为国内政策与管理的研究者、政策制定者、政策执行者、医疗机构和供应企业提供真实客观、完整准确的资料，为促进适合我国国情的医药采购供应模式和运行机制的建立、完善贡献绵薄之力。

《解析美国 GPO》是“国际医药采购供应政策与管理研究丛书”的第一本。未来还将围绕欧盟及成员国、英联邦国家、亚太地区典型的医药采购模式以及各国在此领域的政策与管理历史、现状、存在问题、改革方向等内容，陆续出版《欧盟及成员国医药采购供应政策与管理》《英联邦国家医药采购供应政策与管理》《亚太国家医药采购供应政策与管理》。

本书是中国卫生经济学会研究团队集体研究的成果，虽竭尽全力经过多轮讨论修改，但由于时间仓促，难免有不足之处，敬请各位读者批评指正。

在开展美国 GPO 相关研究中我们得到了中国卫生经济学会健康产业分会副会长、美国先进医疗技术协会（AdvaMed）中国理事会创始主席邓建民先生，中国卫生经济学会健康产业分会常务理事张勐先生，美国先进医疗技术协会（AdvaMed）全球战略与分析执行副总裁 Ralph F. Ives 先生，爱尔康（中国）总裁王慧女士和爱尔康全球市场准入负责人 Paul Delatore 先生的热情帮助。本研究团队对 Vizient（GPO）集团高级副总裁 Cathy Denning 女士，梅奥诊所供应链管理主任 Erich Heneke 女士，HealthTrust 全球采购副总裁 Rosalind Holloway 女士，美国波士顿科学区域副总裁 Michael Ringwood 进行了专题访谈，他们以极大的热情和我们进行了深入的讨论。在此向他们一并表示感谢。

目　　录

第一章
美国GPO概述

第一节　什么是GPO

在美国，医药卫生领域产品和服务的采购模式主要包括集团采购组织（group purchasing organization，GPO）采购、自我协商和非合同采购三种，其中，GPO采购是覆盖面最广、成交额最大的一种采购模式。有调查研究显示，美国医疗机构（healthcare provider）通过GPO采购的卫生产品和服务约占其全部采购额度的70%。

一、GPO的定义

在美国，GPO在整个社会经济活动中广泛存在，如联邦政府（包括总务管理局、国防部和退伍军人事务部等）使用许多与GPO相同的方式购买产品。GPO是通过联合实体进行统一采购的企业联盟，GPO的中文译名有很多，包括采购集团、集团采购组织、联邦采购组织和国际采购组织等，本书将GPO称为集团采购组织。GPO是一种介于政府、非营利性机构、军队等与其所采购产品的供应商（含生产商和分销商）之间的第三方组织，通过市场化竞争将采购订单进行集成，再集中进行产品采购。从宏观层面讲，GPO是一种采购联合体，即在汇集GPO成员购买需求的基础上，为获得供应商（含生产商和分销商）折扣而建立的组织实体，参与采购的组织可以加强其对供应商的议价地位，从而获得更有利的合作条件，降低集团所属机构的成本，这种形式的伙伴关系在私营部门和公共部门都很常见。不同采购集团都有类似的目标，主要区别在于它们的结构、聚焦领域和工作方式不尽相同。

本书主要介绍医疗卫生领域的GPO。美国医疗产业集团采购协会（Health Industry Group Purchasing Association，HIGPA）对GPO的定义：GPO是帮助医疗机构（包括医院、家庭护理中心和家庭医疗卫生机构等）通过集中采购数量与供应商（含生产商和分销商）协商，获取更低价格，从而帮助医疗机构节约成本和提高效率的第三方组织。世界卫生组织（World Health Organization，WHO）对GPO的定义：所有的或部分的业务活动经过医疗服务机构授权，同卖方达成协议

（卖方合同），卖方愿意依照合同条款出售或提供产品及服务的组织实体。

医疗产业集团采购协会

医疗产业集团采购协会成立于1990年，其组织成员包括营利性和非营利性公司、采购集团、医院系统和医疗卫生服务提供商等。其致力于通过传递GPO的成本节约和高效率模式，展示GPO在努力降低医疗保险和医疗补助计划成本与提高医院及其他医疗服务提供方供应链效率中的重要性。2002年7月24日，医疗产业集团采购协会通过了行为准则（GPO Code），旨在使医疗用品采购市场更加透明和有竞争力，确保患者获得"最高质量医疗卫生服务"。

医疗产业集团采购协会倡导其成员与所有立法和监管机构合作，确保在卫生行业开放和竞争的市场中采取公平和高效的采购做法；为成员提供教育机会；维护行业内商业行为的道德操守；为成员提供高质量、高成本效益医疗服务等。

笔者对医疗卫生领域GPO的定义：GPO是介于医疗卫生机构和供应商（含生产商和经销商）之间的非政府第三方组织，在政府和行业协会的监管下，通过集成医疗卫生机构在药品、耗材、器械及办公用品等方面的需求，向生产商进行集中批量采购，获取折扣（打折定价），以降低交易成本和产品价格，为医疗卫生机构、患者和纳税人节省资金，同时提供相关的增值服务，提高患者安全水平和卫生系统产品供应效率。简言之，GPO是一个实体，通过带量采购，利用其规模优势与供应商协商，获取团购价格，帮助医疗卫生机构实现成本节约及质量与效率的提升。

二、GPO的类型

GPO按照不同的分类标准可以划分为多种类型，不同类型的GPO在所有权、规模、服务对象、产品提供等方面存在较大差异。例如，有些GPO由医院拥有，而有些GPO则与其所服务的医疗卫生机构没有联系；有些GPO服务于多种类型和级别的医疗卫生机构，而有些GPO仅服务于非营利性医院或特定医疗卫生机构；有些GPO能够购买医院需要的几乎所有的产品和服务，而有些GPO则专注于特定的产品类别。此外，一些GPO专门从事某些类型的卫生服务，如长期照护（long-term care）等。

（一）按所有权归属分类

按所有权归属，GPO可以分为医院所有制GPO、会员制GPO及混合制GPO

三种类型。医院所有制 GPO 的特点是 GPO 完全归成员医疗机构所有，每一所医疗机构就是一个成员，医疗机构成员完全负责 GPO 的管理和运行，并提供必要的监督。整合型服务网络（integrated delivery network，IDN）就是医院所有制 GPO，指的是数量较多的医疗机构通过控股、合同协议等方式构成医院联盟，然后设立联盟 GPO，该 GPO 由医院联盟统一管理，主要目的是为医院联盟内的医疗机构提供采购服务。对于其内部的各个医疗机构来说，IDN 也是这些医疗机构的 GPO，它紧密连接着医疗机构和医疗产品，可为一定区域内的住院及门诊患者提供全面协调的临床服务。毫无疑问，医疗机构的规模越大，其采购商品与服务的数量就越大，因此在与 GPO 的谈判（negotiation）中就享有更多的主动权。随着医院的合并，越来越多的医疗机构倾向使用其购买力与供应商进行直接谈判。例如，美国的约翰·霍普金斯医疗集团（Johns Hopkins Health System）作为一个超大的 IDN，有时就直接与供应商谈判，以获得更具竞争力的价格。

会员制 GPO 由第三方拥有，并作为私有的、以盈利为目的的自由 GPO 实体运作。成员医院与 GPO 有合同关系，并且可能对 GPO 的决策有一定影响。在这一类型中，GPO 可以分配其盈余收入的一部分，GPO 除了成员协议外，对成员医院没有任何责任（表 1-1）。

表 1-1 医院所有制 GPO 和会员制 GPO 的异同点

GPO 分类	相同点	不同点
医院所有制 GPO	为医疗机构提供专业采购服务，降低医疗机构的采购成本，提高采购工作的效率	加入一定区域内医院联盟的医疗机构成立的 GPO，为联盟内医疗机构服务，联合性强
会员制 GPO		可供一切医疗机构选择加入，包括为加入医疗联盟的医疗机构服务，帮助其完成采购，独立性强

混合制 GPO 是营利性组织，成员医院和私人所有者都是股东。虽然成员医院可以分享部分盈余收入，但是如何分配盈余收入仍然由私人所有者起决定性的作用，并且他们可以获得更大的份额。这类组织可能非常庞大，大多数成员医院很少或根本没有真正地参与决策。美国现阶段较大的 GPO 之一 Premier 就属于这一类型。

（二）按服务范围分类

根据服务范围与规模，GPO 可以划分为全国性 GPO（大型 GPO）和区域性 GPO（小型 GPO）。近年来，美国 GPO 市场出现大规模的合并重组，出现了一些大型 GPO，大型 GPO 可以为医疗卫生机构提供各种各样的产品和服务，并具有强大的议价能力。小型 GPO 主要帮助区域内医疗卫生机构购买更具本地优势的产品和服务，使得小型生产商的新产品和新技术能够被医疗卫生机构所使用，是大型 GPO 的有益补充。

GPO 提高了美国供应链（supply chain）的效率，为美国医疗卫生机构提供了多种医疗卫生产品和服务，通过降低采购交易成本和医疗产品价格，为美国医疗卫生机构、患者和纳税人节省了大量资金，促进了医疗卫生服务和产品招标市场的竞争，提升了医疗产品质量和患者安全水平，有效提高了美国医疗卫生服务的供给效率。

三、GPO 的产生和发展背景

（一）美国 GPO 发展历史

1910 年，纽约医院成立了第一个 GPO 专门机构——纽约医院管理局，主要目的是联合不同的医院，汇总其服务需求与供应商专门就服务采购价格进行谈判。这是美国 GPO 的雏形。

在随后几十年中，卫生领域 GPO 的数量增长缓慢，1962 年全美仅有 10 个。到 20 世纪 70 年代，随着人口老龄化、医疗服务需求增加，以及政府和私营部门对医疗卫生服务补偿额度的下降，医院面临费用增长的压力，在这种情况下，GPO 越来越受到重视，全国性的 GPO 也通过兼并、联合等形式不断发展起来。随着美国商业医疗保险逐渐发展并成为重要的支付方，商业医疗保险的逐利机制使其开始产生控费需求。同时美国国家医疗保险体系的医疗保险（Medicare）和医疗救助（Medicaid）的建立也刺激了 GPO 数量的增长。20 世纪 70 年代 GPO 进入快速增长期，到 1974 年 GPO 数量增长至 40 个，1977 年该数字增长了两倍。20 世纪 80 年代初期，医疗卫生服务成本急剧上升，联邦政府将 Medicare 从按"服务付费"（fee for service，FFS）支付系统修订为"预付费系统"（prospective payment system，PPS），根据该系统，医院向每位具有特定诊断的患者收取固定费用；实施 PPS 的机构更加关注成本，进一步促进了 GPO 的快速扩展。到 2007 年，美国有数百家 GPO 及其分支机构和合作机构。目前随着 GPO 组织的发展壮大，一些大型 GPO 集团对中小型 GPO 实施并购，经过不断整合重组，目前在美国国家层面、区域层面和地区层面共有超过 100 家 GPO（表 1-2）。

美国医疗保险和医疗补助服务中心与 Medicare、Medicaid

美国最主要的医疗行业监管部门是卫生和公众服务部（Department of Health and Human Services，HHS）。美国医疗保险和医疗补助服务中心（Centers for

Medicare and Medicaid Services，CMS）是HHS中最重要的组成部门，CMS通过联邦公共医疗保险（Medicare）为65岁及以上的老年人和残障人士提供医疗福利，并通过医疗救助（Medicaid）协同各州政府为低收入群体提供医疗福利。CMS出资并直接管理Medicare和Medicaid受益人的医疗福利，制定医院和医生医疗服务的医保支付费率，同时，接受、处理和支付来自医疗服务提供方、零售药房和医疗用品供应商的医保报销申请单据。Medicaid则由各州政府负责实施，联邦政府通过CMS拨款予以支持。

表1-2 美国GPO发展历史

阶段	标志性事件或法规	发展特点
萌芽阶段（20世纪初至20世纪60年代）	1910年，成立了第一家医疗卫生GPO——纽约医院管理局	仅仅是建立一个医院洗涤服务的批量外包机构，其所设想提供的服务范围也与如今的药品、耗材、医疗器械等毫无关系
快速发展阶段（20世纪70～90年代）	Medicare和Medicaid列入美国法律；保险支付模式由按服务付费变为预付费系统付费	保险支付方式的改变及报销比例的下降促进了GPO的发展，GPO开始发展全国性业务，采购产品范围也不断扩大；合同管理费用的合法化进一步促进了GPO的飞速发展。由于竞争的加剧，GPO开始提供附加服务
市场优化阶段（20世纪90年代末期至今）	1997年，美国退伍军人卫生管理局（Veterans Health Administration，VHA）成立，2014年VHA和大学卫生系统联合会（University Health System Consortium，UHC）合并为Vizient；2005年，医疗集团采购行业倡议（Healthcare Group Purchasing Industry Initiative，HGPII）成立；2016年Vizient收购了MedAssets的费用和临床资源管理部门	GPO市场呈现大规模合并。当前，全美100多家GPO中6家大型GPO交易量占总量（1080亿美元）的近90%；GPO内形成了良好的行为规范和行业准则

（二）GPO产生和发展的动因

GPO在美国的迅速发展是医疗卫生机构主动要求节约成本、推动精细化管理的产物，而推动其发展的最大动力则是按病种付费的医保支付制度。1976年耶鲁大学在全球首次提出了按病种付费的概念，随后，以疾病诊断相关分组（diagnosis related group，DRG）为基础的付费方式在美国得到广泛推广。DRG是以药品、耗材与医疗服务打包定价为特征的按疾病诊断相关分组支付方式，将包括药品在内的各种服务收费由之前的利润来源变为成本支出，因此降低包括药品成本在内的各种服务成本成为医院的自发性行为。各类医疗机构会主动采取措施，实施精细化管理，向上游转移成本，通过更有效的采购方式降低成本，这样就为具有规模采购优势的GPO组织提供了发展壮大的土壤。

美国的医疗卫生体制也是推动 GPO 产生和发展的重要原因。美国医疗卫生机构以非公立医院为主，政府的作用是提供部分医疗保障机制和资金，以公立形式为老年、病残、穷困或失业人口提供医疗保障。美国的医疗体制更多地依靠市场，采用 GPO 一方面摆脱了福利国家那种财政负担过重的困境，另一方面又保证了一定的社会公平性，如通过 Medicaid 保护社会弱势群体，但在美国仍然有许多人在抱怨这一体制带来的问题，2016 年美国有 2700 万人没有任何医疗保险，占美国 65 岁以下总人口的 10%。保障健康公平的制度运行过程中仍然需要控制费用，引入 GPO 成为提升效率、节省费用的途径。

面对 GPO 发展过程中出现的问题，美国出台了相应的政策和法律法规，目的是有效约束 GPO 行为，纠正其发展中的问题，保障 GPO 这一采购模式的健康发展。GPO 在发展过程中曾经出现过医生与企业间的贿赂行为、供应商与 GPO 间的贿赂行为、供应链垄断、医疗科技创新障碍等现象，美国通过专门执行相应法律法规、专门调查听证、制定行业自律准则、主动接受社会监督等方式保障 GPO 的有序、良性发展。

四、GPO 的总体规模与作用

GPO 是美国医疗卫生系统的重要组成部分，帮助医疗服务提供方实现成本节约和改善整个医疗系统的效率。在过去的几十年里，GPO 在美国不断推广和应用，规模持续扩大，受到医疗机构和供应商的认可和好评。目前，美国有 100 多家国家级、区域性和地方性的 GPO，7000 多家医院和 68 000 多家长期照护机构、手术中心和诊所使用 GPO 进行产品采购。有研究统计，美国有 98%的医院至少使用一家 GPO，各医院平均使用 2～4 家 GPO。美国医疗供应链协会（Healthcare Supply Chain Association，HSCA）2018 年 8 月公布的数据显示，美国 GPO 每年的总采购金额大约为 2100 亿美元。有调查研究显示，2018 年美国几家大型 GPO 的市场渗透率为 45%～83%，平均市场渗透率为 60%。

GPO 的应用和推广能够为医疗卫生机构、生产商、政府、医保机构及患者等各相关方带来诸多收益。

（一）节省医疗费用

许多研究表明，GPO 可以节省医疗费用。Schneller 于 2009 年根据对医院的调查研究发现，GPO 每年可节省约 360 亿美元。Goldenberg 和 King 的研究显示，美国医疗卫生行业可归因于 GPO 的年度节省费用为 293 亿～645 亿美元。根据医疗供应链协会于 2019 年 5 月研究分析发现，GPO 可以为医疗卫生行业每年节省多达 341 亿美元的费用，并且预计在未来 10 年内将节省高达 4566 亿美元的医疗卫生支出。GPO 每年可为 Medicare 节省 89 亿美元的成本，并在未来 10 年内可为 Medicare 节省 1163 亿美元；GPO 每年可为 Medicaid 节省 68 亿美元的成本，并在未来 10 年内可为 Medicaid 节省 901 亿美元。

（二）提高医疗卫生机构运行效率

GPO 通过使用有效的契约和标准化流程实现最佳价格的谈判，以量制价，降低医疗机构采购成本；同时 GPO 能确保药品、耗材、医疗设备及其他供应品与服务的可用性和可靠性，减少采购环节的复杂性，节约供应链成本和时间；此外，GPO 还提供医疗质量评估、临床结果和数据分析（data analysis）及产品标准化信息等多样化的服务，进一步提高机构服务和运行效率。研究表明，如果没有加入 GPO，部分医院将需要增加 115%的劳动力（超过 9 个全职员工）才能取代 GPO 所履行的职能，因为 GPO 同时为数百或数千个医疗卫生机构执行这些功能，所以随着 GPO 提供者数量的增加，节省的劳动力也随之增加，GPO 将医院的服务提供成本降低了 18.7%。仅在管理费方面，GPO 每年就为医疗卫生机构节省了超过 20 亿美元。

（三）提高供应商信誉，为供应商增值

生产商通过 GPO 可以获得更多和更稳定的客户源，并且能够提供更高的销售量，虽然单价降低，但总体利润保持增加。通过共享销售、营销和用户扩展责任来提高效率，节省交易、营销及管理等环节的时间和成本，并避免个体生产商和供应商之间的重复成本。生产商可以通过 GPO 提前预估产品需求量，最大限度地降低供货不足和产品积压风险，降低企业运营风险，同时 GPO 还能够有效提高采购合同执行过程的透明度。

此外，通过制定和共享最佳实践，GPO 可以复制并与所有客户共享成功经验，创建“知识社区”，为供应商提供了巨大的价值空间。GPO 发展和建立供应商和医疗卫生机构之间的关系，通过提高效率来降低销售成本，此外还通过提供数据和信息、成长机会、教育和协作（包括全国性会议）来提高供应商的信誉。通过与 GPO 谈判，供应商能够获得访问其大量会员医疗机构的机会。随着间接费用和管理费用的降低或消除，供应商能够将节约的成本和时间更多地投入到产品和服务的创新等方面，为医疗卫生机构提供持续的售后服务。

（四）节约政府管理成本，提高工作效率

首先，政府作为监管方可以通过 GPO 提高管理效率，改变以往对生产商、供应商、医疗卫生服务机构等多方的监督管理。在 GPO 模式中，政府只需对 GPO

进行监管，以防止市场垄断和维护市场公平竞争。其次，医疗保险和医疗补助服务中心负责产品定价和规则设定，不再参与价格谈判和采购事宜，能够节约管理成本，提高管理效率。最后，作为支付方，政府和医保能够从 GPO 带来的成本节约功能中获益，降低支付压力。

（五）使患者从 GPO 模式中受益

一方面，医疗机构采购成本的节约，可以在一定程度上降低医疗服务价格，减轻患者尤其是自费患者的就医负担；另一方面，生产商、供应商及医疗卫生机构将节省的资金和时间更多地投入到产品和服务创新、技术进步等，有利于医疗服务供给水平不断提升，使患者从改善的医疗服务中受益。

（六）促进生产商创新

GPO 采取多种措施推动生产商新产品开发和技术革新。GPO 不断审查生产商的合同，以促进生产商更新和创新技术，从而确保客户获得最新和最具创新性的技术。为了增加使用具有创新技术的产品，GPO 可以通过简单的程序重新进行谈判，或者在正常的合同周期之外谈判新合同。同时，医疗集团采购行业倡议（Healthcare Group Purchasing Industry Initiative，HGPII）成员 GPO 积极参与商业实践，有助于及时识别和采用医疗用品、医疗设备和服务领域的新兴技术，以提高对创新技术的认识。

医疗集团采购行业倡议

HGPII 成立于 2005 年，由 9 家大型 GPO 组成。这些 GPO 承诺采用和实施同一商业道德和行为原则，向公众及为美国医疗服务提供资金的政府实体承担责任。HGPII 由一个指导委员会、一个工作组和一个管理该计划的协调员组成。

HGPII 设定了一系列原则，在遵循这些原则的过程中，HGPII 的会员需要将该原则作为整个医疗卫生集团采购行业的标准，会员每年都要向 HGPII 协调员提交一份报告，以回应年度公共问责问卷中的问题。

HGPII 的会员资格对任何医疗行业的 GPO 均开放。加入 HGPII 后，会员必须保证遵守其原则，每年提交一次公共问责问卷，并参加年度最佳实践论坛。HGPII 不会拒绝任何真诚的会员申请或续约，但是，它保留因故拒绝或中止会员特权的权利。

第二节　GPO 运行的基本特点

美国 GPO 经过不断发展，其采购模式、采购流程、管理方式及运行机制等方面都形成了独特的体系且能有效发挥作用，同时美国不断修订法律法规，为 GPO 的有效运行提供了健康制度环境。目前，GPO 展现的结果是促进供应链效率提高，为医疗卫生机构高效率提供多元化的医疗卫生产品和服务，为医疗卫生机构、患者和纳税人均节省大量资金，使患者获得安全的医疗服务。这些成效与 GPO 独特的采购模式、管理方式、运行机制及相关法律法规的不断完善密切相关。本节将简要描述 GPO 的基本特征，着重从采购模式、服务理念、参与机制、招标流程、服务提供及法律法规等方面进行概括性介绍，简要勾画 GPO 对医疗卫生领域的独特作用和价值。

一、批量采购

根据经济学理论，供应商通过提供批量折扣来增加竞争，这种折扣会降低供应成本，使患者和纳税人均受益。GPO 最显著的特点是通过单个合同完成大批量产品和服务的购买，从而获得较高的价格折扣，降低产品成本。供应商在与单个医疗卫生机构协商采购时，没有动机提供基于数量的折扣，但是多个医疗卫生机构通过 GPO 进行采购时，供应商面对大批量的产品和服务需求就会提供基于数量的折扣，特别是对于产品存在差异化竞争的医药市场，研发与生产成本相对固定，一旦被承诺大批量购买，供应商必然会提供更大的价格折扣。

此外，GPO 的“批量式购买组合”大大减少了医院所需要的采购人员。对于大型医疗集团而言，采购医院运行所需的医疗器械（如诊断、治疗、成像设备）、药品、食品等可能需要与供应商签订 150～200 张订单，而利用 GPO 只需 1 张订单即可完成所有产品的采购。统计表明，取代一个 GPO 组织，一个医疗卫生机构每年可能需要增加 60 万～80 万美元用于支付采购人员的费用。

二、以客户为导向的服务理念

在产品采购中，GPO 不会要求医疗机构使用特定产品，而是在采购前首先由医疗机构根据质量与价格提出主导意见。GPO 的主要工作是在医疗机构确定产品后努力降低产品采购成本。某产品的价格不应比同类竞争产品价格高出很多，除非医院认为该产品具有的特定属性使高出的价格具有一定的合理性。为了实现 GPO 成员的不同需求和更低价格之间的平衡，GPO 会视情况制定不同类型的合同，如只与一家供应商签订合同以获得更低价格的单一货源合同（sole-source contract），或考虑到临床需求及会员医疗机构的偏好而采用双货源合同（dual-source contract）和多货源合同（multi-source contract）。

三、灵活的会员参与机制

集团采购中，会员机构可自由选择对 GPO 的适用方式及其交易对象，表现在以下两个方面。

（一）医疗机构可选择性使用 GPO 提供的服务

医疗机构选择的主要形式包括：①直接采用 GPO 协定的合同，与供应商达成采购意向；②仅将 GPO 提供的价格作为医院自主谈判的价格起点，在此基础上继续与供应商或其他 GPO 谈判；③与 GPO 合作，为医院拟购买的特定产品与供应商协商更加优惠的价格；④使用 GPO 提供的其他服务，如产品信息标准化处理、供应链管理等。

（二）医院可以选择 GPO 以外的交易方式

GPO 订立合同通常会选择多个供应商，以促进产品之间的竞争。在某些情况下，如果 GPO 只和一家供应商签订协议或者会员医院对 GPO 选择的产品不满意，医院至少有 4 种选择：①与其他 GPO 合作，通常情况下医院会选择加入 2～4 家不同的 GPO；②直接与供应商谈判交易；③在 GPO 外，医院自行组成采购联盟，进行批量购买；④在可接受的报价范围内，从零售商或批发商处购买现成的产品。

通过以上灵活的会员参与机制，可以促进 GPO 之间的竞争，为会员机构提供更好的服务、更优质的产品及更具竞争力的价格。同时还可以制约 GPO 的商业行为，使 GPO 不会购买高价或不合格产品，损害医院及患者的利益。

四、标准化的招标采购流程

GPO 通过竞价招标的方式订立合同，其运行的基本流程包括发标、投标、评标、谈判及磋商、订立合同和供应商交付等。

首先，GPO 根据其汇总的会员医疗机构采购需求（procurement demand），发布招标时间表，邀请感兴趣的供应商参与投标。其次，GPO 采用多种方式评价投标产品，价格并不是 GPO 评标时考虑的唯一因素，GPO 需要考虑供应商在确定合同内容时提供的全部价值主张，包括价格维度和非价格维度。GPO 还要对投标的供应商进行评估，包括供应商资质评估、产品评估和市场评估。再次，由会员医疗机构的临床医师、专家组成的临床委员会来审查产品信息及市场信息，确定最终的产品和性能规格。然后进行谈判及磋商，GPO 会利用一些商业惯例（如单一合同、捆绑销售）来激励供应商为医疗机构提供更大的折扣。接下来是合同订立，在 GPO 与供应商进行深层次谈判，并确定合同相关条款，包括基本商业条款、法律条款等，之后 GPO 便与供应商签订合同，并将最终合同通知会员医疗机构。为了达到会员的不同需求和高折扣之间的平衡，GPO 会视情况制定单一货源合同或双货源和多货源合同。最后是执行采购，在 GPO 与供应商签订合同后，会员医疗机构既可以直接使用 GPO 与供应商签订的合同，与供应商达成采购协议，也可以将某一 GPO 提供的价格作为基础，与供应商或其他 GPO 进行二次议价。

五、同时提供传统服务和增值服务

GPO 提供的最基本、最传统的服务，就是价格谈判和个性化的采购合同。GPO 的采购对象涉及医疗服务机构使用的几乎所有产品，包括药品、耗材、医疗器械、办公用品及膳食等。近年来，随着市场发展与竞争的日益激烈，为了回应客户需求、保持竞争力，GPO 开始提供一系列的增值服务，主要包括个性化合同、临床疗效评价、新技术评估、供应链管理、物料管理、电子商务（electronic commerce）、数据分析、临床用药指导、市场调查、患者安全管理、保险服务、收入管理、风险管理、仓库管理、设备维修和公共政策服务等（表 1-3）。

从医疗卫生机构角度来看，其想从 GPO 得到的不仅仅是“定价”和“合同”，还包括更好的采购战略及其他相关服务。所谓合理的采购战略不仅仅是低价获取商品和服务，一般可以概括为买得更少，买得更好，用得更好。而 GPO 提供的增值服务，就在于帮助成员医院“用得更好”。

表 1-3　GPO 提供的部分增值服务

服务类型	具体内容
临床疗效评价	由客户代表组成临床委员会评价产品的疗效
新技术评估	评估产品所含的创新技术能否给患者带来益处
供应链管理	医院供应链流程优化、住院药房的管理（适时将品牌药替代为廉价仿制药）
电子商务	为医院提供电子商务解决方案，帮助医院加强采购业务管理
数据分析	分析医院数据，寻找节约成本的机会
临床用药指导	制定临床用药指南，指导安全用药，将产品的临床效益最大化

六、不断完善的法律法规和行业准则

在 GPO 100 多年的发展中，联邦政府各部门和行业协会一直致力于不断完善 GPO 的管理和规范，定期对 GPO 组织行为进行调查评估，以及对 GPO 涉及相关利益方的行为进行规范。

1986 年美国国会在《社会保障法》（*Social Security Act*）中的反回扣法令中规定允许供应商向 GPO 支付管理费用，解决了 GPO 的筹资机制的合法化问题，为 GPO 发挥降低交易成本和医疗费用的作用奠定了法律基础。

1993 年美国司法部（Department of Justice，DOJ）和联邦贸易委员会（Federal Trade Commission，FTC）联合出台《卫生保健反垄断执法政策声明》，后又经多次修订，以加强对 GPO 的约束和执法，防止垄断。

GPO 受美国司法部、卫生与公众服务部监察长办公室（Office of Inspector General for the Department of Health and Human Services，HHS-OIG）和联邦贸易委员会监督。

自 2002 年起，GPO 开始制定一系列行为准则规范其合同行为，处理相关利益冲突。GPO 行为准则（GPO Code）有一套详细的原则，旨在使医疗用品采购市场更加透明，并更具竞争力。

2005 年 GPO 成立 HGPII，致力于为公众提供高质量的医疗卫生服务，提高成本效益，并使整个采购过程更加开放、更具竞争力，通过制定一系列的道德和商业行为准则约束 GPO 会员的行为。同时，GPO 每年均需填写问卷，问卷主要是对 GPO 的内部政策及商务行为的调查与监督，问卷结果的准确性需要 GPO 的首席执行官进行认定。

医疗供应链协会倡导 GPO 会员与所有立法和监管机构合作，确保在卫生行业开放和竞争的市场中采取公平和高效的采购做法。

在 GPO 资金监管、市场公平竞争、行业规范和道德准则等方面，美国在不同阶段出台、完善相关政策和法规以约束 GPO 行为，纠正 GPO 发展过程中出现的各种问题，目的是确保 GPO 长期可持续发展。

第三节　美国主要 GPO 基本情况

在美国 GPO 按照服务覆盖的地域范围可以分为全国性 GPO 和区域性 GPO。一项对 899 家医院的耗材主管的调查显示，医院通过 GPO 采购的耗材中，全国性 GPO 占 55%，区域性 GPO 占 15%，医院自行签订合同购买占 20%，10%为经与 GPO 谈判取得批量折扣后，未从该 GPO 购买，而通过其他途径购买。

一、全国性 GPO

全国性 GPO 是代表卫生机构的联盟性组织，能够发挥强大的议价能力，降低成员单位的成本。从 20 世纪末开始，GPO 市场出现大规模的合并，在过去几十年中，美国 GPO 的数量不断减少但规模不断扩大。GPO 组织间并购频繁，美国医疗卫生领域大型 GPO 由过去的 8 家变为现在的 4 家，分别为 Vizient、Premier、HealthTrust 和 Intalere。这 4 家全国性的 GPO 为医疗卫生机构提供了各种各样的产品和服务，解决医疗卫生机构临床、卫生人力、供应链方面的问题，提高了效率，持续推进医疗卫生服务质量提升。2017 年这 4 家 GPO 管理的合同总额达到 1890 亿美元。

（一）Vizient

Vizient 为美国最大的 GPO，是退伍军人卫生管理局（VHA）、大学卫生系统联合会、Novation、MedAssets 和临床资源管理等机构的组合。该公司的年采购额度平均为 1000 亿美元，为美国约一半的急症照护机构提供服务。Vizien 一直在扩大其成员数量，在 2018 年下半年增加了 40 多个新会员，2019 年与约翰·霍普金斯医疗集团签订了新的会员协议。

Vizient 的成员涵盖了美国 50%的急症照护机构、95%的学术医疗中心和 20%的门诊机构，多元化的成员和客户群包括学术医疗中心、儿科设施、社区医院、综合医疗服务网络和非急性医疗机构等。Vizient 为医疗机构提供产品采购、数据分析和成本管理等服务，同时为医疗机构决策、照护团队优化、供应链跟踪等方面提供咨询和分析等服务，并提出领先于市场的解决方案，还会根据对医疗机构的了解及一致性的目标对不同医疗机构之间的关系进行培养和维护。此外，Vizient 还帮助会员监测跟踪相关法规问题，如付款方式变更、健康信息技术要求及与劳动力有关的法律。依照服务对象的不同，Vizient 的服务可以大体分为管理服务、临床服务、供应链服务、药房服务。

（二）Premier

Premier 于 2013 年 5 月成立，年合同交易额超过 610 亿美元，成员涵盖了美国 76%的社区医院及 13 万家其他类型的医疗机构。作为行业领导者，Premier 创建了一个最全面的临床最佳实践和效率改进策略数据库，革命性的技术能够使其会员更轻松、更高效地进行协作。Premier 与美国卫生与公众服务部、医疗保险和医疗补助服务中心、健康促进研究所等部门均建立了持续的合作关系。

从 2013 年至今，Premier 已经实施了 7 次兼并收购活动，其并购方向包括软件即服务（SaaS）、直接采购等，旨在不断增强自身相关领域的业务实力。同时也会与其他 GPO 合作，包括一些区域性 GPO，来扩展自己的服务网络。Premier 在 2015 年与 1200 个供应商签订了 2200 多份合同，无论是合同数量还是供应商数量都在稳步上升。

Premier 致力于改善医疗服务效果，为其成员面临的业务挑战提供解决方案。

Premier 主要通过供应链服务（supply chain services）和绩效服务（performance services）两个部门运营。

供应链服务部门主要为其成员提供一系列产品和服务，包括医疗和外科产品、药品、实验室用品、资本设备、信息技术、设施和建筑、食品和营养产品，以及购买的服务，如临床工程服务和文件粉碎服务及软件信息服务。该部门还从事综合药房业务，提供传统的药房配药、综合药房服务和直接采购业务等服务。

绩效服务部门主要为会员提供 Premier 互通服务，以满足会员成本和质量管理的要求，帮助他们管理基于价值的医疗服务，并支持其监管报告框架、绩效改善协作及咨询和保险服务。该部门提供的服务具体包括质量和管理服务，用于识别和定位质量改进领域；临床监测和安全管理服务，以保障患者安全；供应链和企业资源计划（enterprise resource planning，ERP）服务；运行服务；提供综合财务报告、预算优化劳动力管理和企业分析服务，以将成员的自定义数据集成到托管和集成的数据库及分析平台中。

什么是 SaaS？

SaaS 即 Software-as-a-Service（软件即服务），是随着互联网技术的发展和应用软件的成熟，在 21 世纪开始兴起的一种完全创新的软件应用模式。传统模式下，厂商通过 License 将软件产品部署到企业内部多个客户终端实现交付。SaaS 定义了一种新的交付方式，也使得软件进一步回归服务本质。企业部署信息化软件的本质是为了自身的运营管理服务，软件的表象是一种业务流程的信息化，但本质还是一种服务模式，SaaS 改变了传统软件服务的提供方式，减少本地部署所需的大量前期投入，进一步突出信息化软件的服务属性，或成为未来信息化软件市场的主流交付模式。

（三）HealthTrust

HealthTrust 成立于 1999 年，总部设立于美国田纳西州纳什维尔，年合同交易额超过 300 亿美元。美国医药卫生领域七家最大的“整合型服务网络”（integrated delivery network，IDN）中有 5 家是 HealthTrust 的成员，保证了 HealthTrust 为各医疗机构以更低价格采购临床推荐产品，确保产品及时交付及不断评估和改善服务内容。HealthTrust 邀请多专业领域的临床医生成立临床咨询委员会，指导合同策略的制定，并管理所有的合同签订工作，保证采购过程的透明性、医疗产品的高质量及价格上的优惠。

HealthTrust 会员中不但有 1600 多家医院，还有美国和英国的近 2.6 万个非急症卫生服务机构。HealthTrust 提供了行业内最全面的产品组合，由于其承包经营理念简单易行（一种统一的价格和固定的合同定价），因此可以快速实现节约采购成本。

在增值服务方面，主要提供供应链、临床整合、人力资源三方面的服务。具体服务内容包括集团购买、临床研究与教育、临床数据分析、管理服务、人员培养与员工资格认证，以及能源、基础设施、食物与营养、人力资源、信息技术服务等。

（四）Intalere

Intalere 成立于 1986 年，是一家专业的供应链 GPO，提供全面的服务使医疗服务机构更好地管理其整个非劳务性支出，并使患者最终获得优质的医疗服务。Intalere 为私营机构，2016 年交易额为 90 亿美元，覆盖美国 3734 家医院、超过 85 000 家非急症医疗卫生机构。

Intalere 下辖多家子公司，包括 Intalere Choice、Intalere 保险服务公司、DataBay 资源公司和 Tempest Med 公司。Intalere Choice 在不断增加的医疗、制药、办公和环境产品选择上提供有竞争力的价格和质量，使整个投资组合平均节省 20%的费用，提供创新的服务和技术专长，帮助会员降低能源消耗，为节约成本和提高能源效率提供解决方案，根据行业发展趋势持续开发新产品，并可免费获得产品样本供客户评估。Intalere 保险服务公司是一个专为医疗服务提供者提供长期保险解决方案的利益和风险成本控制策略的机构，通过更广泛的覆盖面和更低的总成本来取代客户现有的保险。DataBay 资源公司能够提供有价值的商业智能工具，帮助客户对服务区域进行整体分析，从而确定最佳服务策略，在现有设施不变情况下提高服务社区内的市场份额。Tempest Med 公司致力于非急性、替代站点市场的医疗解决方案，并保持在不断变化的市场中处于领先地位，提供帮助会员降低成本、提高盈利能力的服务，为会员提供高质量的照护服务整体解决方案。通过这些服务，Intalere 的成员就可以以负担得起的价格提供优质的医疗卫生服务。

二、区域性 GPO

相比全国性 GPO，膳食服务及医疗废物的清除等和服务的谈判与管理，更适合于区域性 GPO。区域性 GPO 汇集一定地理区域内的利益相关方和成员的采购需求，通过合作优化 GPO 合同，以获得额外的资金节省。此外，区域性 GPO 可以为本地生产商带来规模经济效应，因为本地生产商可能由于规模太小而无法被添加到全国性 GPO 产品组合中。区域性 GPO 使得小型生产商的新产品和新技术能够被医疗卫生机构所使用，此外还可根据国家 GPO 的采购价格建立价格上限，然后利用该价格上限获得更多折扣，以获得更低价格。一些全国性 GPO 在区域内和地区层面建立了平行的附属组织，以更好地与本地生产商签订合同。本质上，区域性 GPO 通过购买更具本地优势的产品和服务来节省更多资金，是全国性 GPO 的有益补充。

（一）得克萨斯卫生供给链服务公司

得克萨斯卫生供给链服务公司是 Premier 的附属机构，覆盖 250 家诊所、12 家门诊急救中心、30 家影像中心和 5 家急诊治疗机构。通过与各种生产商和供应商合作，提供超过 15 000 种不同医疗产品和设备，主要合作机构包括政府机构、得克萨斯医学会、得克萨斯生物医学研究院、军队和大学等，主要服务内容包括与当地生产商签订更具价格优势的合同、提供卫生材料管理信息系统软件等。

（二）伊利诺伊州卫生和医院协会

伊利诺伊州卫生和医院协会（Illinois Health and Hospital Association，IHA）是一个区域性采购合作组织，覆盖伊利诺伊州全州的 200 多家医院和 40 个卫生服务体系。该协会成员主要包括社区医院、安全网医院、教学医院和学术医疗中心、农村医院、急诊医院、专科医院。IHA 的主要服务包括数据信息化、保险解决方案、独立采购集团（IPC）等。

1. IPC 采购　可以通过将全国性 GPO 定价优势与区域承包的优点结合起来，并通过同行网络提供分享最佳实践的机会，为急症和非急症医疗机构节省开支。IPC 的购买力来自合作，通过将 IHA 和 Premier 公司与医院、卫生系统和非急症提供者联合起来，以降低医疗用品的成本。

2. 保险解决方案　IHA 保险与风险汇总解决方案代表了伊利诺伊州风险管理服务公司、协会管理资源公司和医疗联盟保险公司的综合专业知识，主要包括医疗责任险、工人补偿、索赔管理和精算服务。

（1）医疗责任险：IHA 保险和风险分担解决方案提供全面的方案，以有效管理医院和医生的责任险，帮助客户提高医疗质量，降低风险并控制成本。

（2）工人补偿：IHA 保险和风险共担解决方案是伊利诺伊州工人补偿服务的领先供应商，专门为医疗服务人员提供第一美元保险计划、第三方的索赔管理和损失控制服务。

（3）索赔管理：伊利诺伊风险管理服务公司（IRMS）是 IHA 的附属公司，成立于 1980 年，为 IHA 会员机构提供服务。IRMS 专门满足伊利诺伊州医院和医生的保险需求，伊利诺伊州超过一半的医院参与了 IRMS 的项目（医疗职业责任、工人的补偿）。

（4）精算服务：IRMS 成立于 1994 年，作为 IRMS 的一部分，为 IHA 成员提供精算服务。IRMS 精算服务专注于财产和伤亡保险，特别强调医疗事故和工人补偿，其客户覆盖范围较广，从小型实体到国家商业保险公司均有覆盖。

3. 数据信息化　COMPdata 由 IHA 提供，利用 COMPdata 的下一代数据可视化工具将复杂的数据集转换为清晰有效的视觉交流。COMPdata 信息学一直是市场份额、临床工作、财务、质量和性能改进信息的最全面来源，COMPdata 提供及时的数据和信息、全面的报告和数据分析工具，以及映射和图形功能。

小　结

GPO 在美国迅速发展的背后是医疗机构主动要求节约成本、实现精细管理的现实需求，而推动这一现实的最大动力则是按病种付费的医保付费制度。各类医疗机构会主动采取措施，实施精细管理，向上游转移成本，通过更有效的采购方式降低成本，为具有规模采购优势的 GPO 提供了发展壮大的土壤。

经过上百年的发展，目前美国几乎所有类型的医疗卫生机构都使用 GPO。GPO 已经成为美国医疗卫生系统的重要组成部分，能够帮助医疗服务提供方实现成本节约和提高整个医疗系统的效率。在过去的几十年里，GPO 在美国不断推广和应用，规模持续扩大，并且受到医疗机构和供应商的广泛认可与好评。

美国 GPO 组织最显著的特征包括批量式采购、以客户为导向的服务理念、灵活的会员参与机制、标准化的招标采购流程，同时提供传统服务和增值服务，以及不断完善的法律法规和行业准则。GPO 的应用和推广能够为医疗卫生机构、生产商、政府、医保机构及患者等各利益相关方带来诸多收益。

GPO 在发展过程中出现过医生与企业间的贿赂行为、供应商与 GPO 之间的贿赂行为、供应链垄断、医疗科技创新障碍等现象，美国通过专门制定相应法律法规、进行专门的调查听证、制定行业自律准则、主动接受社会监督等方式，保障了 GPO 的有序、良性发展。

参考文献

邵蓉, 谢金平, 蒋蓉, 2014. 美国集团采购组织分析及对我国药品采购的启示. 中国卫生政策研究, 7(6): 35-40

王强, 毛华, 2011. 集团采购组织在药品采购中的降价机制与发展阶段的经济学分析. 中国卫生政策研究, 4(8): 66-70

Aigrain P, 2012. Sharing: Culture and economy of the time of internet. Amsterdam: Amsterdam

University Press

Bernard LW, 2006. The role of group purchasing organizations(GPOs) in the US medical industry supply chain. Estudios De Economia Aplicada, 24(3): 789-802

Brock TH, 2003. Hospitals, group purchasing organizations, and the antitrust laws. Healthcare Financial Management, 57(3): 38-42

Burns LR, 2014. The performance of group purchasing organizations(GPOs) in the health care value chain: A literature review. Philadelphia: Wharton University of Pennsylvania

Burns LR, Briggs AD, 2020. Hospital purchasing alliances: Ten years after. Health Care Management Review, 45(3): 186-195

Burns LR, Lee JA, 2008. Hospitals purchasing alliances: Utilization, services and performance. Health Care Management Review, 33(3): 203-215

Dobson A, Heath S, Luu PH, et al, 2019. A 2018 update of cost savings and marketplace analysis of the health care group purchasing industry. [2020-03-20]. https://www.supplychainassociation.org/wp-content/uploads/2019/05/HSCA-Group-Purchasing-Organizations-Report-FINAL. pdf

Goldenberg DE, King R, 2009. A 2008 update of cost savings and a marketplace analysis of the health care group purchasing industry. [2020-03-20]. https://www.supplychainassociation.org/wp-content/uploads/2018/05/goldenberg_king. pdf

Government Accountability Office, 2003. Group purchasing organizations: Use of contracting processes and strategies to award contracts for medical-surgical products(GAO-03-998T). [2020-03-26]. https://www. gao. gov/assets/90/82028. pdf

Government Accountability Office, 2010. Group purchasing organizations. Services provided to customers and initiatives regarding their business practices(GAO-10-738). [2020-03-26]. https://www.gao.gov/new.items/d10738. pdf

Healthcare Supply Chain Association, 2018. Healthcare Supply Chain Association(Web Page) supply chain 101. [2020-03-28]. https://www. supplychainassociation. org/wp-content/uploads/2018/05/Supply_chain_101. pdf

Johnston CA, Rooney CD, 2012. GPOs and the health care supply chain: Market-based solutions and real-world recommendations to reduce pricing secrecy and benefit health care providers. Journal of Contemporary Health Law and Policy, 29(1): 72-88

Kaldor DC, Kowalski JC, Tankersley MA, 2003. Evaluating group purchasing organizations. Healthcare Financial Management: Journal of the Healthcare Financial Management Association, 57(1): 36-40

Nagarajan M, Sosic G, Zhang H, 2010. Stable group purchasing organizations. Marshall School of Business Working Paper No. FBE 20-10. [2020-03-28]. https://ssrn.com/abstract= 1138918

Piorunowska-Kokoszko J, 2015. Group purchasing organization(GPO) as a means of business costs savings. Journal of Positive Management, 6(1): 56-70

Prakash SS, 2006. Group purchasing organizations: An evaluation of their effectiveness in providing services to hospitals and their patients. New York: International Center for Corporate Accountability (ICCA)

第二章
美国 GPO 的运作模式

GPO 作为非政府的第三方组织，将医疗卫生机构和供应商连接起来，在政府监管和社会监督下，通过汇总不同医疗卫生机构的产品需求与供应商进行谈判，以量换价，使医疗卫生机构获得较低价格的产品。有研究表明，美国医院 88%的药品和 82%的一般医疗用品通过 GPO 购买，相比于在市场直接购买可节省 15%的费用。

第一节　GPO 的运作模式

目前，GPO 采购合同包含的项目主要有五类，分别是药品、医生偏好器械（physician preference item，PPI）、商品项目、资本项目和服务。而服务一般可以分为传统服务和增值服务，本节从这两方面分别介绍 GPO 的运作模式（图 2-1）。

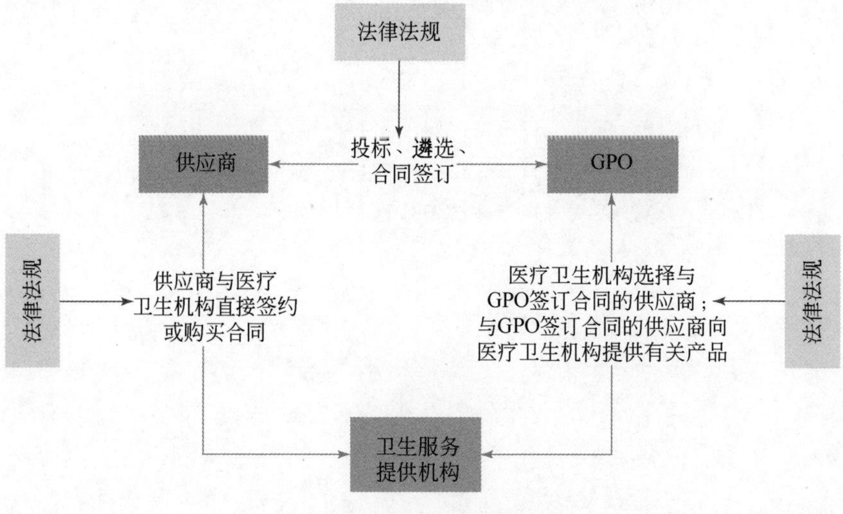

图 2-1　GPO 的运作模式

一、传统服务的采购

GPO 的初衷是收集医疗卫生机构的采购需求，与产品供应商谈判，从而为医疗卫生机构争取较低的价格。因此，GPO 提供的最基本、最传统的核心服务就是针对药品、医疗器械、医用耗材等医院需要产品的价格进行谈判和制定个性化的采购合同。从 19 世纪 70 年代开始，GPO 采购的产品范围逐步扩大，扩展到医院运行管理使用的几乎所有产品和服务。美国 GPO 对于传统服务采购的一般运作模式包括收集成员医疗卫生机构需求信息、将招标信息公开给供应商、进行招标活动、与供应商谈判合同价格（contract price）、制定合同、执行采购等几方面内容。

（一）获取医疗卫生机构采购需求

医疗卫生机构通常会成立专门的委员会确定其采购需求，包括采购的种类和数量。该委员会一般由医生、护士和其他具有临床经验的人员组成。医疗卫生机构确定采购需求后将其提供给 GPO，GPO 负责汇总会员医疗卫生机构的采购需求。

（二）招标和评标

GPO 根据汇总的会员医疗卫生机构需求，发布招标时间表，邀请感兴趣的供应商参与投标。GPO 对投标的供应商进行评估，主要内容包括供应商资质评估、产品评估和市场评估。然后由会员医疗机构临床医师、专家组成的临床委员会审查产品信息及市场信息，确定最终采购产品及其性能规格。

（三）谈判

GPO 要求具备资质的供应商提供价格参考意见，并从市场中进一步获取产品价格信息。然后 GPO 接受供应商的投标，并与供应商进行深层次谈判，确定合同相关条款，包括基本商业条款、法律条款等。

（四）签订合同

GPO 与供应商谈判达成一致后签订价格合同，并将最终合同通知到会员医疗卫生机构。一般来说，GPO 的客户（即医疗卫生机构）通过“合同”购买产品的成本要低于他们自己直接购买的成本。大部分 GPO 合同的期限是 3 年，在合同期限内 GPO 可以为会员医疗机构提供价格相对稳定的产品和服务。

（五）执行采购

会员医疗卫生机构既可以直接使用 GPO 与供应商签订的价格合同，与供应商达成采购协议；也可以某一 GPO 提供的价格作为基础，与供应商或其他 GPO 进行再次谈判，以实现最佳价格。医疗卫生机构也可不以 GPO 谈判价格为基础，而是选择直接与供应商进行价格谈判，并签订采购协议。GPO 一般不直接参与物流配送环节。

美国政府会多方面监管 GPO 的运作过程，包括受理医疗卫生机构对 GPO 的质询和投诉、规定合同管理费的最高比例、限制垄断、监管不公平商业行为等。

对于医疗卫生机构来说，通过 GPO 进行采购是一种降低成本的方法，不仅可以从供应商那里获得折扣，还可以减少自身购买产品和药品的数量。换句话说，由于 GPO 确保了产品的稳定供应，如果两种设备或药物完全可以相互替代，医院则可以通过选择只购买一种来降低库存成本。更重要的是，通过将合同和谈判的权力交给 GPO，成员医院可以显著降低管理费用。

二、增值服务的采购

随着 GPO 的发展，GPO 提供的增值服务范围扩大。美国 GPO 经过在资本市场多年的发展和演化，其业务范围已不仅限于价格谈判，还能够向医疗卫生机构提供数据分析和数据标准化、市场研究、新技术评估、传染病防控、信息整合和共享等服务。GPO 增加服务范围的原因是回应客户需求，保持竞争力。美国 Intalere 的前总裁 Ebert 说，“你不得不专注于了解数据，并与你的客户合作，帮助他们提高服务效率，节省资金”，“尽管价格很重要，但是重要的却远不只是价格，GPO 还能够提供更多的相关服务”。可以看出，医疗卫生机构想从 GPO 得到的不仅仅是“定价”和“合同”，还包括更好的采购战略及相关服务。

GPO 能够为上游供应商扩大销售规模，为下游医疗卫生机构提供较低的采购价格，并提供个性化服务。合理的采购战略不仅仅是简单地获取商品和服务，除了降低成本，还通过增强与供应商的联系，提高产品质量，提升市场份额。优化采购战略可以通过三种方法来实现：买得更少，买得更好，用得更好。GPO 提供的增值服务，就在于帮助成员医院“用得更好”。有学者指出，尽管 GPO 的核心功能始终是为客户提供最优惠的价格，但他们也在发展和增加其他服务，尤其是使客户受益的市场调研、数据收集和数据分析等，他们利用这些分析的结果来帮助客户了解最具价值的产品和服务。

在采购增值服务方面，GPO 运作模式整体上没有明显变化，但会随着医疗卫生机构购买需求的多样化而有所调整。2010 年，美国审计总署（United States General Accounting Office，GAO）对全美前六大 GPO 开展了一次调查，结果显示，6 家 GPO 都向其客户提供了以下三种服务：个性化合同服务、临床评价和产品标准化服务及新技术评估服务（包括直接由 GPO 提供或由 GPO 附属机构提供）。个性化合同服务包括：①帮助客户对不属于 GPO 合同内的产品进行谈判；②针对特定产品为客户谈判出比全国性 GPO 合同更优惠的价格。临床评价和产品标准化服务包括组织临床咨询委员会，该委员会由具有临床背景的客户代表组成，帮助客户针对合同中的产品提供意见或做出决策。新技术评估服务是指 GPO 对某个与已有产品类似的新技术产品进行评估，评估内容包括其是否具有技术创新性、患者是否受益等。

有研究表明，有 5 家 GPO 为客户提供电子商务服务和基准数据服务。电子商务服务包括为客户提供基于网络的产品订购系统；基准数据服务包括与客户直接合作，确定节约成本的机会，并确定衡量结果的过程。有 3 家 GPO 为客户提供患者安全服务，如为客户提供临床资源指南，解决如何安全使用产品并优化产品的临床效益问题。其他增值服务还包括材料管理咨询、继续医学教育、市场调查、材料管理外包、保险业务、收益管理、仓储管理、设备检修、供应链分析等服务。

三、GPO 运作过程中医疗卫生机构的参与模式

以 GPO 参与产品选择的程度和 GPO 合同的使用率为标准，医疗卫生机构参与 GPO 的模式可以划分为四种，即 GPO 主导型、策略外包型、策略管理型和医疗卫生机构主导型（图 2-2）。

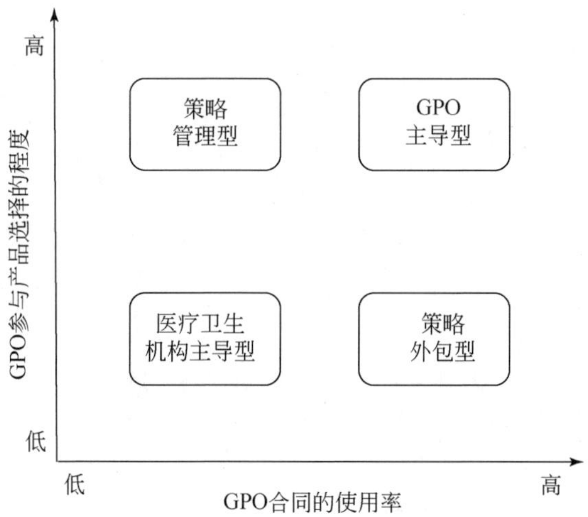

图 2-2　美国医疗卫生机构参与 GPO 的四种模式

模式一：GPO 主导型采购（GPO dominated purchasing）模式，其特点是 GPO 高度参与产品选择，且 GPO 合同的使用率高。

模式二：策略外包型采购（strategic outsourcing of contracting）模式，其特点是 GPO 较少参与产品选择，但 GPO 合同的使用率高。

模式三：策略管理型采购（strategic manipulation of purchasing）模式，其特点是 GPO 高度参与产品选择，但 GPO 合同的使用率低。

模式四：医疗卫生机构主导型采购（hospital/IDN dominated purchasing）模式，其特点是 GPO 较少参与产品选择，且 GPO 合同的使用率低。

采用模式一和模式二的医院对 GPO 的满意度一直很高。因为他们在战略采购和订立合同方面的能力有所欠缺，所以更大程度地依靠 GPO 合同来获得产品折扣。模式一和模式二覆盖了多种类型的医疗卫生机构，虽然这些医疗卫生机构中有许多规模相对较小。毫无疑问，在没有 GPO 的情况下，这些医疗卫生机构要想获得在有 GPO 情况下的产品采购能力，需要更多经费。类似的，采用模式三和模式四的医疗卫生机构在面向市场进行直接采购时，也严重依赖于 GPO 为医疗产品市场所带来的稳定价格。

第二节　GPO 运作模式下的招标采购具体流程

招标采购流程可以清楚显示出 GPO 的运作模式，主要包含以下几个主要环节：招标、评标、谈判、合同订立、采购执行，此外 GPO 在合同订立后，还会继续关注履约情况及招标采购中可能存在的 GPO 与医疗卫生机构之间的利益冲突问题。

一、招标

招标是一个招标投标行业术语，指招标人（买方）事先发出招标通告或招标单，公布品种、数量和有关的交易条件，提出在规定的时间、地点、准备买进的商品名称、数量等，邀请投标人（卖方）参加投标的行为。相应的，GPO 的招标是指 GPO 根据其汇总的成员医疗卫生机构采购需求，发布招标时间表，邀请感兴趣的供应商参与投标的行为。

招标对供应商的开放程度因 GPO 和产品而异。一般情况下，先由医疗卫生机构成立的专门委员会来确定其采购需求，该委员会一般由医生、护士和其他具有临床经验的人员组成，包括采购的产品种类和数量。在 GPO、医疗卫生机构与供应商之间进行完整的信息交流之后，医疗卫生机构将其采购需求提供给 GPO，GPO 再根据其汇总的医疗卫生机构采购需求发布招标时间表，邀请感兴趣的供应商参与投标。

二、评标

一般意义上的评标是指评标委员会和招标人依据招标文件规定的评标标准与方法对投标文件进行审查、评审和比较的行为。相应的，GPO 的评标是指 GPO 对参与投标的供应商及其商品进行审查、评审和比较的行为。

GPO 通过向多个供应商发出“投标邀请”创造了一种类似于拍卖的方式，在这种方式中，供应商为了获得提供一种或多种产品的专营权而去竞标。价格并不是 GPO 评标时考虑的唯一因素，GPO 还需要考虑非价格维度，包括产品质量、临床疗效、服务内容、供应商信誉和供应商供给能力等。GPO 先通过投标申请书缩小供应商的范围，然后再与被筛选出来的个别供应商进一步协商具体条款。

GPO 会采用多种方式评价投标产品。美国 GAO 调查结果显示，GPO 在做出决定之前会通过了解会员医疗机构产品需求、内部和外部技术评估、制造商背景等信息进行产品对比，以此作为遴选合同产品的主要依据。

GPO 还要对供应商进行资质评估、产品评估和市场评估，然后由会员医疗卫生机构的临床医师、专家组成的临床委员会来审查产品信息及市场信息，确定进入合同的产品及其性能规格。

GPO 的产品选择过程需要 1～18 个月，平均需要 6 个月，但创新产品的选择时间通常更短。如果 GPO 认为某个产品具有创新性并希望迅速与之订立合同，就会修订既定的常规遴选程序，缩短时间。

三、谈判

一般意义上的谈判是指双方或多方互换商品和服务，并试图对他们的交换比例达成协议的过程。GPO 与供应商之间的谈判是指双方就商品的种类、数量、质量和价格等方面进行协商，并试图达成一致的行为。GPO 通过投标申请书缩小供应商的范围后，与筛选出来的个别供应商进一步协商具体条款。

在合同谈判阶段，一些 GPO 可能会利用一些商业惯例来激励供应商为医疗卫生机构提供更大的价格折扣。例如，一些 GPO 可以使用单一货源合同向提供相似产品的几个供应商之一提供通过 GPO 销售特定产品的专营权；一些 GPO 还会使用捆绑销售，将价格折扣与购买特定产品组合联系起来，根据合同的不同，捆绑可以组合来自单个供应商或多个供应商的产品，也可以组合相关联的产品，如医院手术室使用的防护帽和鞋套，或者是不相关的产品，如病号服和静脉注射液。

合同谈判阶段还包括合同管理费的谈判。该费用作为 GPO 的主要收入来源，由供应商向 GPO 进行支付，一部分用于 GPO 的日常运营，另一部分用于奖励给其成员医疗卫生机构或用于投资其他业务。合同管理费的金额通常占 GPO 合同采购的产品总额的一定比例。GPO 代表其成员医疗卫生机构与供应商进行合同谈判，然后医疗卫生机构根据 GPO 与供应商协商的合同，从供应商那里购买其需要的产品。

GPO 如何与供应商进行评价和谈判？

评价和谈判是 GPO 与供应商双方达成合作的沟通工具，通过充分了解市场及对供应商所提供的数据分析后，GPO 与成员医疗卫生机构协商，最终选定供应合作商。GPO 会采用多种方式评价投标产品，如采用赋分规则，一半分值由产品价格决定，另一半分值由非财务指标决定，涉及指标包括供应商提供的类似产品数量、质量和安全性能等。GPO 会与会员医疗卫生机构协商，确定是否采用产品分级定价的方式。针对分析合同中存在的悬而未决的问题，会咨询执行督导委员会（Executive Steering Council，ESC，由会员医疗卫生机构供应链负责人组成）。

四、合同订立

一般意义上的签订合同是指缔约当事人达成一致而订立合同。GPO 与供应商之间的合同订立是指 GPO 与供应商就商品的种类、数量、质量和价格等方面达成合意而订立合同。在 GPO 与供应商进行深层次谈判并确定合同相关条款之后（包括基本商业条款、法律等条款），GPO 便与供应商签订合同，并将最终合同通知给成员医疗卫生机构。

通常，GPO 与供应商签订的合同期限为 3 年或更长。一般来说，GPO 会通过合同条款鼓励尽可能多地购买与其有合作关系的供应商所提供的产品，医疗卫生机构购买的产品越多，单位价格越低。为公平起见，对于购买所需产品绝对数量相对少的小型医疗机构，会通过其购买产品数量占该种产品总需求量的份额大小来衡量，购买产品占其总需求的份额越大，价格越低。

GPO 在订立合同时，会根据成员医疗卫生机构的需求差异订立不同类型的合同，主要类型包括单一货源合同和多元货源合同。其中，单一货源合同是指医疗卫生机构只与一家供应商签订合同以获得最大折扣。但考虑到临床需求及成员医疗卫生机构的偏好，GPO 多采用双货源和多货源合同。假设一半成员偏好 A 产品，另一半偏好 B 产品，且对“产品偏好”需求大于对“低价格”的追求时，GPO 就会与 A、B 两个产品供应商签订合约。而对床单这类产品而言，虽然医疗卫生机构的偏好需求可能不同，但是对“低价格”的追求更强烈，此时为了提升采购量，GPO 就会签订单一货源合同。GPO 使用单一货源合同的情形因其所需要的单一货源合同的相对数额和合同中所包括产品类型的不同而不同，不同之处有很大差别。当供应商数量为 1 家、采购量较大、对价格的追求大于对产品的偏好需求时，倾向单一货源合同；当供应商大于 1 家、医疗卫生机构的偏好不同时，对产品的偏好需求大于对低价格的追求，此时 GPO 往往会选择多货源合同（表 2-1）。

表 2-1　GPO 的合同类型

合同类型	供应商数量	适用场景
单一货源合同	1 家	采购量较大 对低价格追求大于对产品偏好需求
多货源合同（双货源合同/多货源合同）	≥2 家	医疗卫生机构偏好不同 对产品的偏好需求大于对低价格的追求

2010 年，GAO 的一个研究报告显示，在美国前两大 GPO 中，单一货源合同占采购量的份额分别为 19%和 42%。7 家 GPO 中有 6 家报告称，对于临床偏好的医疗器械产品，他们更多使用单一货源合同。在前两大 GPO 中，临床偏好产品占其单一来源合同采购量的 82%。还有两家 GPO 报告说，除非获得单一货源合同，否则供应商拒绝与 GPO 签约。相比之下，大宗产品占购买量的比例在 62%～91%，而 7 家 GPO 中较小的一个则是通过单一货源合同购买的。GPO 报告的数据表明，过去 3 年，GPO 的单一货源合同在所有医疗外科产品合同中所占的比例保持相对一致。

对于大型医院和综合配送网络，GPO 合同价格提供了一个初始议价点，有助于有效地签订合同。签订合同需要大量的数据，并对产品供应、使用模式、成本及竞争对手产品进行分析。没有 GPO，小型供应商显然将失去讨价还价的能力。

五、采购执行

在 GPO 与供应商签订合同之后，成员医疗卫生机构既可以直接使用 GPO 与供应商签订的合同，与供应商达成采购协议；也可以以某一 GPO 提供的价格为基础，与供应商或其他 GPO 进行再次议价。医疗卫生机构利用 GPO 谈判价格作为进入市场的参考定价（以获得 GPO 折扣之外的折扣，GPO 谈判价格代表了医疗卫生机构再次议价的上限）。

有研究揭示了医疗卫生机构在购买行为与 GPO 实践中的异质性背后的经济原理。该研究还探索了大型医疗卫生机构加入 GPO，但又选择通过重新谈判直接从供应商那里进行采购的原因。供应商期望与 GPO 成员进行进一步谈判而提高了价格，所以 GPO 和供应商通过提供定制合同（custom contracting）以便享有更高的利润。该研究还发现，尽管其他 GPO 成员均未利用定制合同，但 GPO 充当了需求量小的医疗卫生机构的需求汇总器和需求量大的医疗卫生机构的信息提供者，使其更有可能与供应商进行重新协商。

六、合同遵守管理

合同遵守管理（contract governance）在 GPO 与供应商合同履约中有着重要的

作用。因为供应商需要履行谈判合同中的承诺，以最大限度地发挥他们的成本节约效益，GPO 有能力跟踪和提醒其成员医疗卫生机构遵守合同，否则即使医疗卫生机构购买同样的产品，其最终支付的价格也可能不同。

一般情况下，GPO 与供应商协商最低购买量后，获得所有成员医疗卫生机构的采购优惠价格和管理费用。为了在谈判中给供应商提供有吸引力的采购合同所需的最低数量，GPO 必须对其成员进行约束，主要通过以下两种方式：第一，GPO 可以终止一个医疗卫生机构参与其计划；第二，GPO 可以扣留对医疗卫生机构的“奖励金”。“奖励金”实际上就是 GPO 对医疗卫生机构的资金返还。GPO 还通过宣传一些理念来促使成员对其谈判合同的遵守，如长期成员将会因为其成员身份的资质而实现较低的总体运营成本。

2003 年 GAO 的一个研究报告指出，交易量是获得供应商优惠价格的重要影响因素。成员医疗卫生机构承诺遵守与 GPO 的合同协议，通过 GPO 合同购买一定比例的产品来确保获得供应商提供的最优惠价格。所以除数量因素外，医疗卫生机构遵守合同的程度是其获得供应商优惠价格的最重要因素。原则上，医疗卫生机构的购买承诺有助于成员医疗卫生机构较少的 GPO 实现更高的采购量，从而在供应商那里获得更为有利的价格。对于大型 GPO，交易量是获得优惠价格的最重要因素，其次是其成员医疗卫生机构遵守合同的程度。庞大的成员医疗卫生机构规模可以提供获得优惠价格所需的采购量。GPO 要求其成员医疗卫生机构遵守合同的方法不尽相同，有的 GPO 要求其成员医疗卫生机构承诺，通过 GPO 购买其所需产品的平均水平达到 80%；有的 GPO 在某些合同中加入成员医疗卫生机构承诺条款是为了获得一定的价格水平，但医疗卫生机构不一定需要根据合同购买或按承诺的价格水平购买。一些 GPO 的合同包括多个或分层的承诺，以便其成员医疗卫生机构可以从一系列承诺中进行选择并获得相应的价格折扣。

七、GPO 招标采购中的医疗卫生机构利益冲突协调

供应商、GPO 和医疗卫生机构之间存在复杂的资金流动，所以存在 GPO 的利益与医疗卫生机构的利益不一致的可能。由于 GPO 的管理费用与供应商的销售额成正比，GPO 可能通过谈判提高药品、设备和其他产品及服务的价格来增加其合同管理费收入。一些小型供应商认为，GPO 有着不寻求最低价格的动机，因为较高的价格会产生较高的管理费用。此外，供应商也抱怨，他们被迫对所有产品收取更高的价格，不管这些产品是否按合同销售，以便收回他们按合同销售额向 GPO 支付的合同管理费。

2002 年的一项研究分析了三个影响医疗卫生机构费用降低的因素。①产品类型：使用 GPO 合同的医疗卫生机构是否比使用自己合同的机构获得更低的价格，

会因产品类型的不同而存在很大差异。对于一些起搏器类的产品，使用 GPO 合同的医疗卫生机构比不使用 GPO 合同的机构价格低 26%。但对于其他类型的产品，使用 GPO 合同的医疗卫生机构得到的产品价格要高得多，甚至比不使用 GPO 合同的医疗卫生机构高出 39%。与直接向供应商购买的医疗卫生机构相比，类似的结论也适用于使用大型 GPO 的医疗卫生机构。②医疗卫生机构规模：医疗卫生机构的规模不同，节省的费用也不同。拥有 500 张以上床位的大型医疗卫生机构，通常通过自己谈判获得的价格比使用 GPO 要低。相比之下，中小型医疗卫生机构更可能通过 GPO 合同获得价格折扣。③GPO 的规模：使用大型 GPO 合同的会员医疗卫生机构，每年通过谈判合同购买产品的金额超过 60 亿美元，但是不一定比使用小型 GPO 合同的医疗卫生机构获得更低的价格。该研究最终得出的结论是，有时医疗卫生机构使用 GPO 合同并不能保证医疗卫生机构节省资金，即 GPO 的价格并不总是低于医疗卫生机构直接与供应商谈判所获得的价格，甚至往往更高。2011 年的一个研究也表明，合同价格未必是可实现的最低价格；事实上，非合同价格有时更低。因此，医疗卫生机构可以用 GPO 与供应商谈判后的价格为基础，与其他供应商直接提供的价格进行比对，根据本身需求及机构的实际情况做出选择。

实例简介

（1）Premier 的招标采购运作模式简介

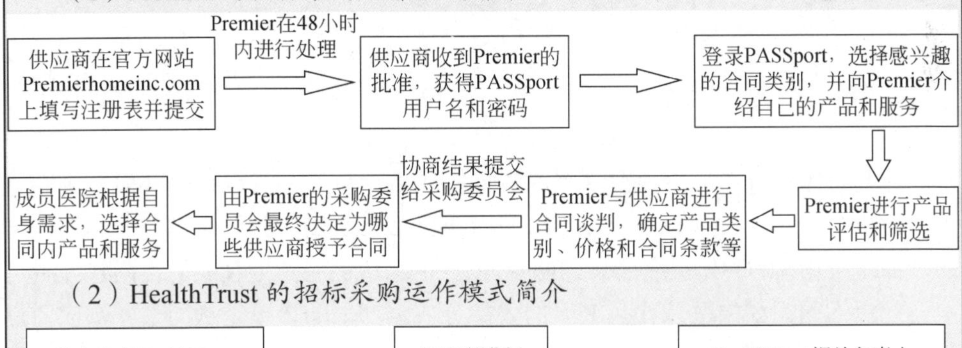

（2）HealthTrust 的招标采购运作模式简介

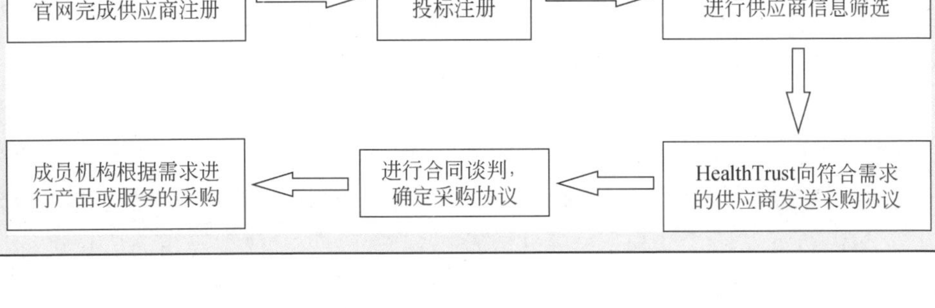

第三节 GPO 的资金来源

GPO 运作中的资金流是 GPO、供应商和医疗卫生机构之间的资金流向，主要包含以下几个方面。

（1）医疗卫生机构向 GPO 缴纳一定的会员费（一般金额较小）以成为其会员；而 GPO 会根据医疗卫生机构履行合同的程度为其提供一定的奖励金。

（2）供应商根据医疗卫生机构履行的合同金额向 GPO 缴纳管理费（一般不超过合同金额的 3%）。

（3）供应商根据购买数量向医疗卫生机构提供一个基于 GPO 谈判的合同价格。

（4）会员费一般与合同金额不相关，而管理费、奖励金、回扣、合同价格均与合同金额高度相关。

一、GPO 资金流下的收费和利益分配

GPO 充当采购中介，在其客户（会员医疗卫生机构）与医疗产品供应商之间协商价格，订立合同。GPO 进行内部管理、交易谈判、广告及其他活动的资金主要来源于三种途径：供应商支付的合同管理费（contract administration fee，CAF）、医疗卫生机构缴纳的会员费及医疗卫生机构为其他增值服务支付的额外费用。

（一）供应商支付的合同管理费

GPO 运营的主要资金来源是供应商支付的合同管理费。供应商根据医疗卫生机构与 GPO 履行的合同金额向 GPO 提供不超过购买费用 3%的管理费。管理费在合同谈判阶段进行协商，并被供应商核算在产品价格中。GPO 代表其成员医院与供应商进行合同谈判，然后医疗卫生机构根据 GPO 协商的合同向供应商购买需要的产品。根据 GPO 与供应商谈判的合同，GPO 从供应商处收取的合同管理费可能会有所不同。如果医院在 GPO 的大部分或全部采购订单是从同一家供应商进货，则 GPO 所要收取的费用会较高。GPO 报告的数据显示，2008 年供应商支付的平均合同管理费，按采购量加权占采购量的 1.22%～2.25%。

（二）医疗卫生机构缴纳的会员费

部分 GPO 可能会向医院收取会员费，或称“入会费”，一般金额较小。医疗卫生机构自愿选择加入 GPO 的目的是获得优惠价格、减少医疗成本的支出。GPO 与供应商对于会员医疗卫生机构所需产品数量、种类等相关信息进行协商，谈判价格折扣。通过集体购买，医院可以获得比单独谈判更大的折扣和更

低的价格，同时也可以将交易成本降至最低。会员费通常可以按年固定比例收取，或根据会员医院实际采购量按一定比例收取。同时，GPO 会根据医疗卫生机构履行合同的程度为其提供一定的奖励金，鼓励医疗卫生机构严格履行合同要求。

（三）医疗卫生机构为其他增值服务支付的额外费用

除了代表其成员医院与供应商签订合同外，为了满足客户医院日益多样化的需求，GPO 还发展出了其他增值服务内容，如质量管理、数据分析、临床评估和标准化、技术评估、电子商务、材料管理咨询、基准数据、市场研究、临床医学教育、材料管理外包、患者安全、营销产品或服务、收入周期管理、保险服务等。医院在享受这些服务项目的同时需要支付额外的费用。

GPO 收取的资金一方面用来满足 GPO 的日常运营和管理，结余部分还被用来支持一些增值服务和资本项目，如建立医院与供应商、分销商及 GPO 之间的电子商务系统等；另一方面是前文提到的奖励金，在每一财政年度，GPO 会以赞助或公司分红的形式，根据履行合约程度将一部分利润重新分配给其成员医疗卫生机构，成员医疗卫生机构通过 GPO 购买产品的程度将直接影响到 GPO 用于管理所提供资金向医院回流的程度。GPO 的资金流向参见图 2-3。

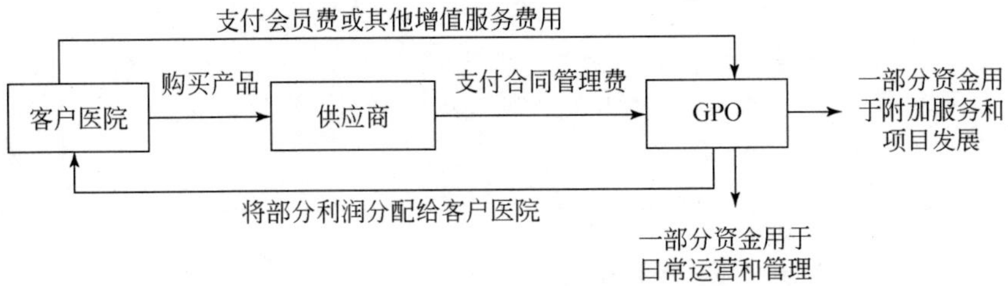

图 2-3　GPO 的资金流向

一直以来，“合同管理费”都是有关 GPO 讨论的焦点。事实上，美国于 1972 年制定的《联邦反回扣法》（*Federal Anti-kickback Statute*，AKS）规定，禁止在客户购买联邦医疗保险计划中的物品或服务时收取额外费用。按此规定，GPO 向供应商收取的“合同管理费”将被视为非法。认识到 GPO 在降低医疗成本方面的显著作用后，为了鼓励和支持 GPO 的发展，美国国会在 1986 年颁布了关于《联邦反回扣法》的一些例外规定，为 GPO 设立安全港（safe harbor），该规定阐明只要进行了适当的信息公开，美国《联邦反回扣法》不禁止供应商向 GPO 支付费用。

制定 GPO 安全港条例，供应商向 GPO 支付管理费用合法化

1991 年，卫生与公众服务部（Department of Health and Human Services，HHS）监察长办公室（Office of Inspectcr General，OIG）颁布了最初的一套关于设立安全港的规则，规定“供应商向 GPO 支付的任何款项，将作为向个人或组织提供产品或服务的协议的一部分”，前提是 GPO 要进行适当的信息公开。为了获得安全港的资格，GPO 必须：①与客户达成书面协议，规定卖方向 GPO 支付的管理费为相关商品购买价格的 3%或更少；或者如果费用超过 3%，则协议必须明确规定每位卖方将支付给 GPO 的最高费用。②至少每年一次以书面形式向客户和 HHS 秘书处披露从每个供应商处收取的与客户购买有关的管理费用。也就是说，符合安全港条例的 GPO 可以收取合同管理费或其他费用，并被允许将结余费用返还给会员医院，否则根据反回扣法规，这些费用可能会被视为回扣（kick back）或非法费用。类似的，医院也必须高度透明地报告其收到的管理费用返还和其他回扣，以确保医疗用品的成本不会被人为夸大或发生医疗保险的过度报销，从而产生欺诈行为。这些关于费用披露的监管要求降低了利益相关方之间的潜在利益冲突风险。

与此同时，为了使医疗卫生产品采购市场更加透明和更具竞争力，一些 GPO 制定了行为准则（GPO Code）和利益冲突政策，对员工进行道德商业行为培训，并采取措施确保“高质量的医疗卫生服务和成本效益”及“开放和有竞争力的采购过程”，如年度公开发布的问责问卷、审查申诉协会，以及支持合规和商业道德的委员会。

二、GPO 收入来源：以 Premier 为例

Premier 作为美国最大的 GPO 之一，旨在通过利用供应商、医疗卫生机构与 GPO 之间的信息交流，实现合同的谈判、签订商品采购协议，为其成员提供规模化的效益，同时专注于信息资源的优化和成本控制，降低创新风险，通过推广商业行为和采购流程来传播最佳实践经验，帮助成员组织提供更高质量和更具成本效益的医疗卫生服务。

（一）Premier 不同部门收入来源

Premier 主要通过供应链服务（supply chain services）和绩效服务（performance services）两个业务部门为客户提供综合解决方案，帮助他们解决成本管理、质量管理、安全改进及人口健康管理等领域的问题。供应链服务部门主要提供包括团

体采购、直接采购、电子商务和信息产品等业务，绩效服务部门主要提供信息技术分析、工作流自动化和咨询等服务。

1. 供应链服务部门收入　Premier 的供应链服务部门主要通过从供应商处收取的管理费用产生收入，这些费用通常占会员通过 GPO 合同购买产品总额的 1%～3%。Premier 的供应链服务收入主要包括 GPO 管理费净额（从供应商处收取的管理费总额-支付给成员的收入份额）、直接采购收入和管理服务收入。

Premier 收取的管理费主要用于维持医疗服务提供者网络，为供应商提供更多的合同机会。结余收入最终还会在成员间进行利益共享。根据会员签订的 GPO 协议，Premier 绝大多数会员目前从 Premier LP（Premier Healthcare Alliance，L.P.）获得的收入份额约占 Premier LP 收取的所有管理费总额的 30%。此外，Premier 还通过直接采购活动获得销售收入。在直接采购活动中，Premier 从产品销售中获得收入，包括从某些产品的采购中获得的销售收入，以及在某些情况下获得的服务费用或许可费。Premier 所提供的供应链服务包括签订有价格竞争力的合同和提供物流管理信息系统软件促成管理服务。其中管理服务业务作为一种服务收费模式，旨在为会员提供供应链相关的服务，不仅包括物流管理，还包括合同谈判管理、数据分析、药房处方和利用评估等服务。

2. 绩效服务部门收入　绩效服务部门的资金来源主要有软件即服务（SaaS）信息产品的 3～5 年定约服务费、绩效提升合作的年度服务费、咨询服务费、资格认证服务费、保险服务管理费和集团赞助保险计划的佣金等。SaaS 信息产品订购包括在 SaaS 基础上使用 Premier 的专有托管技术的权利，以及在成本管理改进、质量和安全管理提升、基于价值的照护服务改善与用户分析等方面的培训和支持等。具体定价因医疗卫生机构的应用和规模而异。信息产品订购协议通常是 3～5 年，带有自动续约和年度价格自动调整条款，通常不允许提前终止。订购服务通常按月计费。咨询服务费用根据合同内容收取，这些服务通常包括一般咨询、基于报告的咨询和成本节约计划等。

表 2-2 展示了 2017～2019 年 Premier 的分部门收入状况。从净收入情况来看，Premier 的供应链服务占了总体净收入的绝大部分，为 70%左右，绩效服务占 30%左右。

表 2-2　2017～2019 年 Premier 的分部门收入状况　（单位：万美元）

不同部门收入	2017 年	2018 年	2019 年
供应链服务部门收入	71 285.5	82 397.8	85 518.0
绩效服务部门收入	35 338.3	36 067.9	36 245.8
总体净收入	106 623.8	118 465.7	121 763.8

数据来源：Premier 年度财务报告（截至 2019 年 6 月 30 日）。

（二）Premier 不同类型收入来源

按照收入类型划分，Premier 的净收入主要包括服务收入和产品收入，服务收入又包括管理费收入、支持性收入和其他服务收入等。管理费收入主要是供应链服务部门向供应商收取的 GPO 管理费。支持收入和其他服务收入主要包括绩效服务部门产生的与 SaaS 信息产品订购费、许可费、咨询服务和绩效提升合作服务相关的费用，小部分还来自学术计划服务费。产品收入则是指通过直接采购获得的产品销售收入，包含在供应链服务收入部分。从表 2-3 可以看出，以净管理费收入和产品收入组成的供应链服务总收入远远超过以支持性收入和其他服务收入组成的绩效服务总收入。Premier 作为一个以供应链服务为主要服务和收入来源的 GPO，在帮助成员医院优化供应链运营、提高成本透明度、节约医疗成本的同时，也为自己带来了大量资金收入。

表 2-3　2017～2019 年 Premier 的分类型收入状况

	2017 年		2018 年		2019 年	
	值（万美元）	占比（%）	值（万美元）	占比（%）	值（万美元）	占比（%）
服务收入	91 787.4	86	101 233.0	85	103 348.1	85
净管理费收入	55 746.8	52	64 383.9	54	66 246.2	55
支持性收入和其他服务收入	36 040.6	34	36 849.1	31	37 101.9	30
产品收入	14 836.4	14	17 232.7	15	18 415.7	15
总体净收入	106 623.8	100	118 465.7	100	121 763.8	100

数据来源：Premier 年度财务报告（截至 2019 年 6 月 30 日）。

第四节　GPO 运作：以 Vizient 为例

随着 GPO 数量的增长，市场整合也随之加强。从 20 世纪末开始，GPO 市场出现大规模的兼并重组，在过去几十年中，美国 GPO 的数量不断减少而规模不断扩大。由于 GPO 之间的兼并重组，大规模合同落到了少数几家 GPO 手中。当前，全美 100 多家 GPO 中，6 家大型 GPO 的交易量占总量的近 90%。本节将以美国规模最大的 GPO——Vizient 为例，对其主要的服务类型（service type）和招标采购运作模式等进行介绍。

一、Vizient 的基本情况

Vizient 是美国最大的会员制医疗卫生服务绩效提升公司，总部位于美国得克萨斯州欧文市，在美国 20 个大都市区设有办事处，被国际智库道德界协会（Ethisphere Institute）评为全球最具商业道德的公司之一。另据《美国新闻与世界报道 2019～2020》（*U.S.News & World Report 2019—2020*）指出，Vizient 的会员同时位列最佳医院荣誉榜和最佳儿童医院荣誉榜的前十位。Vizient 的目标是以促进会员提供高价值的医疗卫生服务为中心，通过在成本节约、质量管理和市场绩效等方面为客户提供整合的解决方案来实现其绩效的可持续改善和提升，业务范围涉及数据管理与分析、咨询、承包、绩效改善、收入周期管理、供应链服务、医疗卫生质量提升等。

国际智库道德界协会（Ethisphere Institute）评选流程

如果企业想参加道德界协会的道德企业评选，可通过自荐或者别人推荐。该协会用一套专有评分系统，通过问卷的方式对企业进行评分。具体的打分标准包括企业公民意识和责任（20%）、公司治理结构（10%）、创新是否有助于公众利益（15%）、行业领导地位（5%）。此外，是否注重能源节约、法律和监管声誉及记录、高层领导力、行业影响力、内部机制、职业道德计划等也在该项评价报告指标范围之内。

评审委员会对企业的答案进行核实查证，然后得出最终得分。入选企业经过筛选缩减至几百家后，道德界协会也会利用其他机构的治理名单进行交叉检查，这些机构包括国际惯例评级机构 GMI 和 FTSE for Good。任何在过去 5 年里有过严重法律问题的企业都将从名单中剔除。以酒、烟草和枪支为主的企业也会被排除。最终，还需参照来自企业高管、同行、供应商和客户的提名，才能最终确定获奖者名单。榜单的评审委员会包括知名律师、政府官员、大学教授和该协会领导。

2015 年 4 月 1 日，美国退伍军人卫生管理局（VHA）和大学卫生系统联合会（University Health System Consortium，UHC）合并，合并后的新组织被命名为 Vizient，Vizient 就此诞生。VHA 成立于 1977 年，是一个从事临床、财务和运营管理的非营利性医疗服务组织网络。共同合并的还有 Novation 和 Provista，Novation 是 VHA 和 UHC 共同拥有的一家供应链公司，Provista 是 VHA 的物流和供应链公司，为非急症医疗机构及政府、教育和商业等部门提供服务。2016 年 2 月，Vizient 收购了 MedAssets 的支出和临床资源管理（Spend & Clinical Resource Management，SCM）部门。合并后的组织代表了美国顶级的医院和卫生系统，年合同交易额超过 1000 亿美元。

如今，Vizient 的成员涵盖了美国 95%的学术医疗中心、50%的急症照护医疗卫生机构和 20%的门诊服务医疗卫生机构。多元化的成员和客户群包括学术医疗中心、儿科中心、社区医院、综合医疗服务网络和非急症医疗卫生机构等，Vizient 的会员涵盖了美国领先的医疗卫生服务提供者。近年来，Vizient 正在通过先进的互联网技术推动新的商业模式和医疗服务模式发展。在临床、运营和供应链绩效等关键领域的网络支持下，Vizient 保证了其成员能够随时提供高性价比的优质医疗服务。Vizient 通过 Hortonworks 互联数据平台获得了巨大的收益，它可以获取实验室和患者病案数据，并将这些数据提供给专业的顾问人员，通过数据研究与分析为 Vizient 的成员提供改善医疗卫生服务的建议。大数据还实现了成员医院间的信息共享，帮助医生给出更加完整准确的诊断，使医疗卫生机构全面掌握运营情况。

二、Vizient 的服务类型

Vizient 主要从三个方面为其成员提供服务：①从以市场为导向的视角出发，预测并处理成员医院遇到的问题和挑战；②提供领先于市场的解决方案，满足不同成员的不同需求；③基于一致的目标和对成员医院的深入了解，培养和维护深厚的成员关系。Vizient 为成员医疗卫生机构提供的基本服务包括临床供应整合、服务链管理、人力资源管理、质量和责任绩效管理等。

Vizient 提供的服务主要有四类（图 2-4）。第一类是管理服务，主要关注产品和服务的价格表现、支出管理、运营效率等，为成员医疗卫生机构提供包括成本结构分析、临床成本管理和策略、人力资源优化等在内的管理问题解决方案。第二类是临床服务，主要关注临床安全与质量，包括：①平衡医疗质量和医疗成本之间的关系；②优化服务链绩效，包括临床绩效管理、制定提升策略和医师培训等；③帮助减少不必要的临床操作差异，包括临床操作和质量咨询、手术数据库分析等；④改善临床结果，包括临床数据库分析、医师参与咨询、照护指导解决方案等。第三类是供应链服务，其核心在于为客户提供供应链统筹与规划、生产技术支撑、物流管理、信息技术服务、金融支持及商务管理等方面的服务，主要包括：①促进产品和服务价格的降低，包括成本分析、供应链项目等；②提升操作效率，包括集体采购、数据管理、供应链优化等；③优化产品和服务利用。第四类是药房服务，重点方向在稳定药房支出、改善临床药学服务、增加药房收入等，提供的服务包括药房咨询与分析、药房网络程序、药房项目、临床成本管理等。

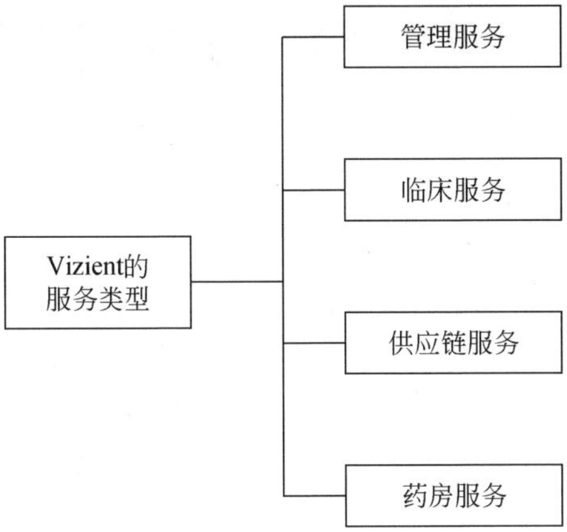

图 2-4　Vizient 的服务类型

三、Vizient 的招标采购运作模式

Vizient 的采购和供应链优势主要体现在其公平透明的签约流程、高效的数据分析、持续的价格监控与管理、全面的承诺计划和定制合同及弹性签约模式等。其由会员驱动的合同签约过程在很大程度上取决于会员医疗卫生机构的意见。Vizient 成立了采购委员会、咨询委员会、专家小组、任务小组等来负责集中采购业务，成员在达成合同方面拥有发言权。

Vizient 的招标采购流程主要分为以下几个步骤：见图 2-5。

图 2-5　Vizient 的招标采购运作模式

（一）确定会员医疗卫生机构需求

确定会员医疗卫生机构需求的过程平均需要 6 个月。医疗卫生机构委员会通过商议，确定其产品和服务的采购需求，将需求提供给 Vizient，由 Vizient 汇总所有成员医疗卫生机构的采购需求。在此期间，供应商们制定投标策略，收集信息准备投标，包括（但不限于）定义产品的类别和规格、进行市场评估和市场研究等。

（二）制定并发布招标文件

在这一阶段，Vizient 根据所收集到的会员采购需求，制定采购需求说明、最低标准及相关法律条款等。接下来由成员委员会对相关要求、评价标准和权重等进行审核。获得批准后 Vizient 会向所有注册供应商发布申请招标文件（request for proposal，RFP）。

（三）招标与评标

招标与评标平均周期为 4～6 个月。Vizient 将汇总后的采购需求进行公开后，利用成员医疗卫生机构的历史采购数据和临床采购专业知识汇总这些产品的供应商名单，发布报价邀请书，邀请符合相关合同类别投标资格的供应商进行竞标。供应商在这一时间段内需要做的工作包括（但不限于）获取相关决策标准、最终产品和性能规范的信息及投递标书等。接下来通常是 1 个月左右的“安静期”，Vizient 进行公开招标、投标分析、财务及非财务条款的分析和比较等。

（四）澄清和决策

澄清和决策周期一般为 2～6 个月。在此期间，Vizient 向供应商澄清投标条件，对供应商进行资质评估，根据 RFP 对供应商进行评分。在此过程中会考虑所有已提交申请的供应商，根据其资格、声誉、产品供应和服务等，对供应商进行综合评价，最终将部分供货商列入入围名单。具体评价因素包括产品临床性能、质量和可接受性，服务类型，产品供应和相关增值服务，会员机构偏好、环保属性，合同条款和条件、价格等，每一项评价因素都被赋予不同的权重。无法生产某一类别内所有产品的供应商，仍可以参与该过程，以体现公平性和包容性，并防止歧视小型或小众供应商。最后确定基于决策标准的最佳出价，获取成员对于投标和最佳出价的反馈，澄清一些悬而未决的问题，如法律、投标要求等。

（五）确定合同、协议

这一流程的平均周期为 1～3 个月。该流程主要活动包括准备法律和行政文件、开发和确定协议包、执行合同审批流程及将协议信息输入至 Vizient 系统中等。最后，将合同授予中标供应商，并开始准备向成员医疗卫生机构供应这些产品。

小　　结

美国 GPO 对于药品、医疗器械、医用耗材等传统服务采购的运作模式主要包括收集成员医疗卫生机构需求信息、将招标信息公开给供应商、进行招标活动、与供应商谈判合同价格、制定合同及执行采购等内容。而对个性化合同、临床评价和产品标准化、新技术评估等增值服务采购的运作模式，基本与传统服务采购模式一致。以 GPO 参与产品选择的程度和 GPO 合同的使用率为标准，可以将医疗卫生机构参与 GPO 的模式划分为四种类型，包括 GPO 主导型、策略外包型、策略管理型和医疗卫生机构主导型。

GPO 招标采购的具体流程，主要包含招标、评标、谈判、合同订立、采购执行等环节，此外还包括合同管理、利益冲突协调等扩展内容。

GPO 进行内部管理、交易谈判、广告及其他活动的费用主要来源于三种途径：供应商支付的合同管理费、医疗卫生机构缴纳的会员费及医疗卫生机构为其他增值服务项目支付的额外费用。GPO 收取的这些资金一方面用来满足 GPO 的日常运营和管理，结余部分还被用来支持一些附加服务和项目发展；另一方面，在每一财政年度，GPO 会以赞助或公司分红的形式，根据履行合约程度将一部分利润重新分配给其会员医疗卫生机构。

参考文献

Anderson MG, Katz PB, 1998. Strategic sourcing. International Journal of Logistics Management, 9(1): 1-13

Bernard LW, 2006. The role of Group purchasing organizations(GPOs) in the US medical industry supply chain. Estudios De Economia Aplicada, 24(3): 789-802

Burns LR, Lee JA, 2008. Hospitals purchasing alliances: Utilization, services and performance. Health Care Management Review, 33(3): 203-215

Fung P, 1999. Managing purchasing in a supply chain context-evolution and resolution. Logistics Information Management, 12(5): 362-367

General Accounting Office, 2002. Group purchasing organizations: Pilot study suggests large buying groups do not always offer hospitals lower prices(GAO-02-690T). [2020-01-16]. https://www.gao.gov/assets/90/81813. pdf

Government Accountability Office, 2003. Group purchasing organizations: Use of contracting processes and strategies to award contracts for medical-surgical products(GAO-03-998T). [2020-03-26]. https: //www.gao.gov/assets/90/82028. pdf

Government Accountability Office, 2010. Group purchasing organizations: Services provided to customers and initiatives regarding their business practices(GAO-10-738). [2020-03-26]. https://www.gao. gov/new. items/d10738. pdf

Healthcare Supply Chain Association, 2018. A primer on group purchasing organizations: Questions and answers. Washington: Healthcare Supply Chain Association

Hu Q, Schwarz LB, 2011. Controversial role of GPOs in healthcare product supply chains. Production and Operations Management, 20(1): 1-15

Jayaraman R, Taha K, Park KS, et al, 2014. Impacts and role of group purchasing organization in healthcare supply chain. IIE Annual Conference and Expo, 3842-3851

O'Brien D, Leibowitz J, Anello R, 2017. Group purchasing organizations: How GPOs reduce healthcare costs and why changing their funding mechanism would raise costs. A Legal and Economic Analysis. [2019-11-9]. https://www.ftc.gov/system/files/documents/public_comments/2017/12/00222-142618. pdf

Rooney C. 2011. The value of group purchasing organizations in the United States. World Hospitals & Health Services: the Official Journal of the International Hospital Federation, 47(1): 24-26

Saha RL, Seidmann A, Tilson V, 2011. Economics of health care procurement through group purchasing organizations. Proceedings 2010 manufacturing and service operations management society, Techion, Haifa: 1-3

Saha RL, Seidmann A, Tilson V, 2011. Unexpected motivations behind joining group purchasing organization(GPO). Proceedings of 44th Hawaii International Conference on System Sciences (HICSS), 1: 1-8

Schneller ES, 2009. The value of group purchasing—2009: Meeting the needs for strategic savings. Scottsdale: Health Care Sector Advances Inc.

第三章
美国 GPO 采购的法律与政策环境

20 世纪初期，GPO 作为采购中介组织出现，有效整合了医疗卫生机构临床和非临床的采购需求，通过集中采购获得价格优势，大幅降低了医疗卫生机构成本，为控制美国医疗费用上涨起到了积极作用。在 GPO 100 多年的发展中，联邦政府各部门和行业协会也一直致力于不断完善对 GPO 的管理和规范，定期对 GPO 组织行为进行调查评估，规范 GPO 利益相关方的行为。这一过程中，与 GPO 行业有关的回扣、垄断、新技术准入障碍等关键问题一直是政府与行业自身发展关注的重点领域，对此一系列的政策法规出台并不断完善（图 3-1）。资金监管、市场公平竞争、行业规范和道德准则等方面的政策和法律法规有效约束了 GPO 行为，不断纠正发展中的各种问题，确保 GPO 采购模式得以长期可持续地发展。

第一节　美国 GPO 发展中的法律法规与政策变革

自 1910 年纽约医院管理局建立了第一个 GPO 以来，美国政府与行业协会通过法规政策的出台或听证调查等行动致力于规制 GPO 行业发展中存在的诸多问题，如从 20 世纪 70 年代的反商业贿赂（回扣）到 90 年代的反垄断，这些规章的颁布都并非一蹴而就，而是在发展过程中不断演变完善，促进了 GPO 行业平稳、有序、良好发展。

一、GPO 与反商业贿赂

GPO 涉及的相关贿赂问题主要包括医生与企业间的贿赂行为和供应商与 GPO 间的贿赂行为。涉及的主要法律法规包括《社会保障法》、《联邦反回扣法》和安全港条例。

（一）医生与企业间的贿赂行为与法律法规

美国医疗保险和医疗补助服务中心（CMS）是美国医疗行业监管部门中最重要的组成部门，是 Medicare 与 Medicaid 的出资方和管理部门，CMS 通过医疗保

1910年	纽约医院管理局建立了第一个集团采购组织(Group Purchasing Organization, GPO)
1972年	《社会保障法》修正案通过反回扣条款，随即出台《联邦反回扣法》，旨在减少腐败对医疗行为决策的影响，保护患者利益及联邦医疗保健项目不被滥用
1977年	国会扩大《联邦反回扣法》的执行范围，禁止通过提供或接受“任何报酬”来诱导个人或机构购买医疗产品或服务，并将轻罪升级为重罪
1986年	国会在《联邦反回扣法》中新增安全港条例：在符合条件下允许供应商向GPO支付管理费用：①签订书面合同及支付定额费用或采购金额的固定百分比；②按要求向客户披露费用
1987年	《医疗补助病人和项目保护法案》对《联邦反回扣法》进行修改，授权美国卫生与公众服务部监察长办公室(Office of Inspector General for the Department of Health and Human Services, HHS-OIG)颁布法规，明确管理费不会被视为违法的商业贿赂行为
1981年	安全港条例中明确规定：允许GPO向供应商收取不超过合同总交易金额3%的管理费，并按要求公开向所有类型供应商收取的费用情况
1993~1996年	美国司法部(Department of Justice, DOJ)和联邦贸易委员会(Federal Trade Commission, FTC)联合出台《卫生保健反垄断执法政策声明》以判断GPO是否有垄断嫌疑。DOJ和FTC发布指导意见用于判定GPO是否违反反垄断法规
2002~2004年	参议院司法委员会就GPO举行系列听证会，其中制造商称它们被不公平地排除在GPO合同之外或新技术被限制进入GPO。听证会之后，GPO同意制定GPO行为准则(GPO Code)，这是一套详细的规则，旨在使医疗用品采购市场更加透明和有竞争力
2005年	9家全美领先的GPO成立HGPII，以促进和监督GPO在为医院和其他医疗卫生机构购买产品时的行为道德和商业规范
2003~2014年	美国政府问责局(Government Accountability Office, GAO)多次调查GPO行业，并先后发布5份报告，旨在评估GPO的资金结构和价格影响，以提高对医疗采购和医保资金支付的管理

图 3-1　与美国 GPO 行业有关的重大法律章程与政策规定

险形式向 65 岁及以上老年人、残障人士及低收入群体提供医疗福利，并以医保报销方式向医疗卫生机构支付医疗费用。对大多数医疗卫生机构和医生而言，老年人是其主要服务对象，为老年人支付医疗费用的 CMS 作为最大医疗付费方就拥有了巨大的权力，其制定的医保支付费率成为决定医疗提供方每年盈亏的主要因素之一。从 1965 年设立该医疗福利项目以来，CMS 向医疗卫生机构的支付一直建立在成本基础之上，医疗卫生机构或医生按照成本进行报账，CMS 可以按照成本增加1.5%或2%来向医院支付。这样的支付方式，直接导致了医疗卫生机构和医生都有追逐数量、追逐利润的动机，于是腐败行为逐渐产生，医药公司为了谋取利益最大化，投入重金向医疗卫生机构和医生推荐医药产品、向医生支付回扣等，以换取CMS医保支付体系覆盖的服务项目、医药产品和患者。医药行业公开或秘密的商业贿赂行为，间接对GPO采购产生影响，因为在GPO采购中医院临床意见或者医生偏好对产品选择都有着重要的影响。因此，从20世纪70年代到现在，反贿赂一直是美国医疗监管中的重中之重。

1972年，为了减少商业贿赂对医疗保健决策和医疗物资采购过程的影响，减少CMS医保支付项目中可能存在的欺诈和滥用行为，保护广大患者利益，美国国会制定并通过了《联邦反回扣法》(*Federal Anti-Kickback Statute*)，将其作为《社会保障法》的一部分，专门用来规范CMS医保支付中涉及的商业贿赂行为。该法最初规定禁止将联邦医疗保险和医疗补助的患者进行转诊而获取回扣和贿赂的行为，但量刑较轻，任何违反该法的行为也仅被判决为轻罪，处以最高1万美金和（或）一年有期徒刑的刑事处罚。虽然对于违规行为处罚并不严厉，但是《联邦反回扣法》作为美国第一部专门针对医疗领域商业贿赂的联邦法律，也是最早严格限制CMS相关医疗服务提供方接受任何不正当利益的刑事立法，对于推动GPO集中采购的良性运作具有重要作用。

然而面对复杂多变的医疗回扣形式，以及为了回应学界和业界对《联邦反回扣法》适用范围的质疑，联邦政府多次对其进行修订，其中具有较为显著意义的为1977年、1980年、1986年、1987年及1996年的五次大修改，修改内容包括将回扣的定罪由轻罪升级为重罪和扩充规定回扣支付方式等。在《联邦反回扣法》中，对医疗行业的贿赂行为进行了明确界定，禁止任何回扣形式，以避免医生接受回扣购买产品或推荐医疗机构、GPO机构去购买在CMS医保支付范围内的各供应商的医药产品或服务。违反者按每一违法行为判处2.5万美元以下的罚款，情节严重的可判处5年以下监禁，或罚款与监禁两者并罚。在此之后，任何人提供或收取有价值的物品（回扣）后劝导他人购买药品或医疗器材，都将面临刑事或民事指控。对于GPO采购来说，医生对采购产品的选择或评价也重新回归到基于对患者利益的最大化原则，而不是基于个人回报最大化。

（二）供应商与GPO间的贿赂行为与法律法规

直到1970年，GPO的主要收入来源都是医疗卫生机构缴纳的会员费，但部分较小或收入较低的医疗卫生机构往往无法负担此费用。为了缓解资金压力，GPO开始向供应商收取合同管理费，此类费用通常基于GPO合同采购总额的百分比，然而GPO合同管理费是否被视作回扣，是否违反《联邦反回扣法》，一度成为有广泛争议的问题。

对于这一争议，美国国会最终认为 GPO 具有积极作用，因为可以通过使一群购买者在价格上获得大量的折扣，从而可以帮助降低政府和私营部门的医疗费用，但需要进一步规范。因此，1986 年美国国会在《联邦反商业贿赂法》中增加了一项免除被判定为回扣行为的例外情况，允许供应商在以下情况下向 GPO 支付费用：①签订书面合同，规定了固定金额或购买金额的固定百分比；②作为服务提供商的实体向客户披露此类费用。

同时，由于违反《联邦反回扣法》将导致重罪，鉴于其规定和解释的广泛性及模糊性有可能会给医疗行业中许多普通交易和商业行为的合法性带来困扰，医疗卫生服务提供者建议国会为违法行为的判定提供指导。1987 年，美国国会通过《医疗补助病人和项目保护法案》对《社会保障法》再一次进行修改，规定美国卫生与公众服务部监察长办公室和司法部有权惩治违反《联邦反回扣法》的个体，同时要求监察长办公室为医疗服务提供者制定对其指导和保护的安全港条例。

1991 年，监察长办公室颁布了安全港条例的首个版本，GPO 具备以下条件时，不受《联邦反回扣法》的影响：

如法案第 112B 条所述，“报酬”不包括供应商向 GPO 支付的任何款项，作为向个人或实体提供商品或服务的协议的一部分。

（1）GPO 必须与个人或实体签订书面协议，协议满足以下其中一项。

1）协议明确提供商品或服务的供应商将向 GPO 支付不高于供应商售卖价格 3%的服务费。

2）（当服务费由多项商品组合而成或由商品价值的百分比组合而成时）服务费不高于 3%，协议应明确各供应商支付给 GPO 的服务费（金额不明确时，使用最大值）。

（2）如果从供应商那里接收商品或服务的实体是医疗卫生机构，则 GPO 必须至少每年向该实体书面披露，并应要求向卫生与公众服务部秘书处披露每个供应商在与该实体的购买中支付的服务费金额。

总体而言，美国《社会保障法》禁止通过收受金钱以换取根据联邦医疗保健计划付款的服务或产品采购订单，但该法案的例外条款之一却是允许产品或服务供应商向 GPO 支付合同管理费。此外，该法案的安全港条例将 GPO 合同管理费固定为不高于产品或服务购买价的 3%，并要求向所有客户披露从所有类型的供应商处收取的费用。尽管安全港条例为供应商与 GPO 之间的交易建立合理的法律规范，但在 GPO 发展过程中仍然出现了重大贿赂的典型案例。在该案例中，供应商通过贿赂 GPO 组织负责人获取了高额采购订单，帮助其抗生素产品迅速占领全美

美国制药伙伴公司与 Premier 采购集团的商业贿赂事件

2002 年，《纽约时报》刊登了一篇题为“当医院的药品买手拥有药品公司股份时”的报道。事件源于得克萨斯州感染科专家弗格森博士发现第三例接受庆大霉素静脉滴注的患者突然血压急剧下降并出现脉搏加速，而该抗生素来自美国制药伙伴公司（American Pharmaceutical Partners，Inc.），陆续出现其他安全事故后，美国制药伙伴公司于 1999 年将该药撤出市场。然而，事故并未阻止该公司的发展，其迅速成长为全美领先的注射类仿制药供应商之一，背后的原因之一是它与医疗行业大型采购集团 Premier 签订了一份全国性合同，为 1500 多家医院提供服务，这是许多医疗供应公司梦寐以求的。Premier 声称该公司产品质量好、价格低，背后真正原因却是 Premier 对其进行了商业投资。1996 年，在 Premier 的帮助下，该公司得以成立并专注于医疗机构业务。为了回报最初的投资和帮助，该公司上市时给予 Premier 价值 4600 万美元的股票及医院采购其药品的回扣。曾任 Premier 执行副总裁的 William J. Nydam 以董事身份获得了股票期权。即使在他离职后，按该股的首次发行价计算，其期权价值也达 120 万美元。为了后期工作的顺利进行，曾在 Premier 风险投资部门工作的 Palmer Ford 在离职后仍获得了数量不详的股票。在作为药品生产商的短暂历史中，美国制药伙伴公司召回或撤回了 20 种药品，政府三次警告其解决严重的质量控制问题。美国食品药品监督管理局（Food and Drug Administration，FDA）的一位官员说，该公司可能比一般公司有更多的问题，但都被解决了。此外，美国制药伙伴公司被评为 Premier 的精英企业合作伙伴之一，而在当时，只有强生（Johnson & Johnson）和默克（Merck & Co.）等 7 家全球公司获得这一称号，相比拥有数十亿美元收入的这两家公司，美国制药伙伴公司年净销售额只有 8.5 万美元。

市场，最终因严重药品质量问题而被曝光。

美国政府的立法、司法和行政机构一直对 GPO 相关贿赂问题高度重视，长期以来通过开展调查、广泛取证并不断修正和完善反贿赂的立法，加大对供应商、GPO 组织、GPO 从业人员收受回扣的刑事及民事诉讼力度，通过健全政府监管体系、加强行业自律和建立公众问责制度等一系列措施有效遏制医疗采购中的贿赂问题。

二、GPO 与反垄断

（一）美国 GPO 行业的垄断及主要形式

美国成熟的市场化集中采购增强了 GPO 与供应商谈判的能力，但同时由于采购集中带来市场竞争的减弱也可能损害消费者和医药行业生产商利益。根据美国医院协会（American Hospital Association，AHA）的数据，2000 年大约有 68%的医院使用 GPO 来满足其主要采购需求，而到了 2014 年，使用 GPO 的医院已经占到 98%。美国各地的医院平均每家使用 2～4 家 GPO，大约 72%的采购使用 GPO 合同完成。加之近年来，由于一些大型 GPO 的合并，GPO 市场集中度进一步提升。来自 HSCA 的报告称，从采购量计算来看，2007 年前六大 GPO 的采购量几乎占据了 GPO 市场近 90%的份额，其中 Vizient 声称拥有全国 30%的医疗用品市场。这使得 GPO 市场由过去自由竞争逐渐向寡头垄断转变。此外，由于大多数医疗卫生机构通过 GPO 而不是直接从制造商或供应商那里获得器械、药物和设备等产品，这无形中提高了小型供应商的市场进入壁垒，使市场份额集中在能够获得 GPO 合同的大型供应商手中，极易造成供应链垄断现象的发生。

一方面横向垄断行为出现，即 GPO 行业内有竞争关系的多家 GPO 组织横向联盟（通常以并购的方式）以达到市场优势地位并以此来排除、限制竞争对手。另一方面，GPO 行业或产品品牌中处于不同层次和市场位置、无直接竞争关系的商家之间通过某种联合所产生的排除、限制竞争的纵向垄断模式也应运而生。

尽管美国司法部和美国联邦贸易委员会提出对 GPO 采购行为中采购量、采购额进行限制并给出具体定量指标，但似乎并没能有效遏制 GPO 行业内市场垄断的盛行。现实中 GPO 组织的采购行为只要满足反垄断设定的两个最低定量（采购量、采购额）要求，就可以在采购中使用其他非定量的反竞争行为，这导致反垄断执法受到限制和阻碍。

1. 排他协议 GPO 组织经常使用排他性协议来加强自身的垄断行为。GPO 通过与生产商或供应商之间签订多项协议，或通过合同约定，使得 GPO 组织保证生产商或供应商产品在其采购列表的唯一性，而生产商或供应商则确保 GPO 组织对其产品拥有独家采购权，达成双向或单向排他性采购协议。这些排他性协议可能很复杂，通常涉及扩展条款和排他性条款。此外，GPO 组织与其成员医院之间也可能构成类似排他性协议的合同。一般而言，成员医院可以自由选择加入某个 GPO 组织拟定的购买合同，但 GPO 组织通常会在合同中使用忠诚度折扣或回扣计划策略。在使用忠诚度回扣的合同中，成员医院在购买大份额的指定 GPO 产品时可以获得额外奖励，通常持续 5～7 年，往往比过往单一来源合同更具有排他性。

对于排他性协议的意见

柑橘谷医疗中心新生儿学家 Mitchell Goldstein 博士曾强烈反对医院和 GPO 所采取的做法。他说："集团采购组织与供应商有选择地签约，但是可用的设备不能满足患者的个性化需求，间接剥夺了患者获得最新技术的机会。"他批评了医生在为患者选择合适的医疗设备时没有发言权的现象。这很有可能造成医院错误地相信他们可以依靠 GPO 来满足医师的期望，这也许会造成医院成本继续增加，并且影响到患者的医疗护理。心律失常研究所 Markw Sweesy 的研究表明，在部分医疗设备选择过程中，由于 GPO 的存在，只有部分品牌的医疗设备可以列入 GPO 所提供的备选名单中，医生丧失了对设备的选择权。参议员 Kohl 表示，Novation 临床偏爱产品的合同中仍有 1/3 是独家采购合同。这不仅增加了市场进入壁垒，而且创建了一个自然而然趋于整合的市场。

2. 捆绑销售 除了排他性协议，捆绑销售的盛行也使大型 GPO 掌握了医药采购过程中绝对的话语权和市场主导地位，从而阻止了规模较小的 GPO 向医疗卫生机构提供类似服务。GPO 将多种药物和医疗耗材或设备组合在一起，并以折扣价提供给成员医院，就是捆绑销售。根据 GAO 的报告，大多数 GPO 都使用捆绑销售，甚至两家大型 GPO 之一的产品捆绑销售贡献了其收入的 40%。这说明即使是在合理范围内的 GPO 采购措施，在某些情况下也可能引发各种各样的反垄断担忧。因此，即使政府给出了判断反垄断的具体定量标准，部分国会议员仍然对该标准下 GPO 的反垄断免审查表示出很大异议，认为任何 GPO 的采购行为都需要结合具体情况进行审查，也需要对任何存在反竞争性质的行为采取控制行动。

部分国会议员对 GPO 的反垄断定量标准下的免审查的异议

部分国会议员对 GPO 反垄断定量标准下的免审查提出或表明了不同的看法。例如，瑟蒙德（Thurmond）参议员曾要求审查 GPO 享有的反垄断审查豁免权，他说："我们不应该支持那些限制小型制造商将创新产品引入市场的政策，以使市场不受反竞争行为的阻碍。"韦瑟曼（Weatherman）女士也提出了类似的要求，她强烈赞成立法，并指出应审查 GPO 在反垄断法下享有的特殊豁免。考虑到要求检查 GPO 在反垄断法下的豁免权，科尔（Herb Kohl）参议员声称迈克德维恩（Mike DeWine）参议员和他本人已写信给司法部和联邦贸易委员会请其重新考虑 GPO 不受反垄断审查的规则。这就说明即使是在安全范围内的采购安排，在"特殊情况下"也可能引发各种各样的反垄断担忧。因此，每项采购安排都必须根据具体情况来加以审查，司法部和联邦贸易委员会有权审查和对任何减少竞争的行为采取执法行动，不论这种行为是否属于安全区范围。

3. 供应链集中 虽然反垄断法（antitrust laws）的建立有利于 GPO 促进医药采购服务市场的竞争，有助于会员医院从多个 GPO 中进行选择，但是针对供应商数量、规模选择的问题，以及产品供应链层面的问题也不断涌现。通常一个 GPO 往往只选择某些生产商或供应商的产品列入其目录，这有可能阻止不同规模的供应商，尤其是中小规模供应商进入医院的选择中，导致供应层面不合理竞争的问题产生；加上 GPO 采购数量大、议价能力强，从而使上游市场的整合加剧，导致了供应链集中。供应链的高度集中化和规模化将导致少数几家供应商掌握整个区域或全国的医疗产品服务供应，从而使医院和患者依赖少数生产商的供应链，如果生产商在物资准备、生产到配送的全流程中任何环节出现问题，都会对医院供给产生不利影响，而事实上也确实出现过这种情况。

1999～2011 年美国药品短缺危机

第一次严重药品短缺发生在 1999 年，到 2011 年危机达到顶峰，美国出现了创纪录的 251 种药物短缺。自 2011 年以来，这一数字略有下降，但问题依然严重。美国卫生系统药剂师协会网站（http://www.ashp.org）显示，截至 2011 年 12 月 9 日，208 项产品脱销，另有 114 项产品短缺，21 项产品退出美国市场。2011 年 11 月艾美仕市场研究公司（IMS Health）医疗信息研究所发表的一份报告显示，美国药品短缺集中在 5 个领域（抗肿瘤、抗感染、心血管、中枢神经系统、疼痛管理），其中 80%以上短缺药品是仿制注射液。美国 FDA 报告称，截至 2013 年 12 月，超过 100 种药物持续短缺，大多数严重的药物短缺发生在无菌注射剂市场，其他包括抗肿瘤药物、抗生素、某些镇痛药和麻醉药也明显短缺。因此，2011 年科罗拉多民主党代表戴安娜·德盖特（Diana DeGette）和佛罗里达共和党代表汤姆·鲁尼（Tom Rooney）又推出了《保护获得救命药物法案》（*Preserving Access to Life-Saving Medications Act*），这是一项两党共同提出的法案，旨在通过减少救命药物的短缺来提高患者就医的安全性。美国医院协会、美国临床肿瘤学会、美国卫生系统药剂师协会和安全用药实践研究所及仿制药制造商 Hospira 公司也一致赞同这项法案的出台。

美国曾经持续出现的药物短缺问题可以说明这一点。一项 GAO 研究表明严重的药品短缺与药品供应商数量减少之间有很强的联系。造成美国药品短缺危机的一个重要原因是拥有少数关键生产商的医疗供应链的不稳定。稳定的供应链是防止供应产品短缺的重要保障，而拥有一个庞大而多样化的供应商群体可以促进供应链的稳定。

此外，由于生产和临床推广上具有优势的供应商能提供更高的折扣，GPO 也更乐意与他们合作，这进一步加剧了供应链中垄断行为的发生。Premier 公司 2008 年的集团采购政策中甚至包含了一个“市场渗透目标”，规定对未能使供应量达到成员医院采购总量一定比例的供应商进行处罚。

4. 合并及寡头垄断　最初，美国对垄断的界定主要根据企业规模和产品的市场份额来判断。企业规模过大，产品在全国市场上占有份额过大，就可能被判定是妨碍竞争和贸易的垄断企业。在美国早期的几个反托拉斯案例中，如 1911 年的美孚石油公司案和 1983 年的美国电话电报公司案，被告均是因为企业规模过大，妨碍或限制了竞争和贸易。但随着美国经济的日益发展，企业规模也越来越大，特别是随着企业并购风潮的兴起和全球化趋势的加强，企业规模和市场份额似乎不能再成为判定垄断的确切指标。激烈的市场竞争促使美国医疗行业寻求合并，以规模效益来抵御成本和市场的压力。在这一时期内，各种 GPO 组织积极主动地实施并购战略，与本地医疗行业竞争对手进行合并，以形成占据支配或优势地位的复合型医疗系统。这种横向合并是在同一市场竞争的公司之间进行的，减少了市场上的竞争者数量，增加了他们的平均规模。自 20 世纪 80 年代起，美国逐渐放松了对医疗行业的管制，引导其直接走向市场竞争，将由供应商驱动的医疗保健转变成由购买人驱动的医疗保健，要求公共与私人医疗系统积极参与直接竞争，建立起以市场需求为导向、以市场竞争为特征的医疗保健体系。与这一过程相伴而生的是美国 GPO 行业合并的又一次兴起。20 世纪 90 年代后，美国 GPO 的数量不断减少而规模不断扩大，由于 GPO 之间的合并，大规模合同落到了少数几个 GPO 手中。2010 年 6 月 1 日，Premier 收购了 Sanford 80%的股份；2015 年 Vizient 完成了对 Medassets 的收购。2017 年 10 月 Software Platform Consulting 公司公布的报告显示了几个主要 GPO 成员医院的年度采购额（Vizient：1000 亿美元；Premier：500 亿美元；HealthTrust：300 亿美元），然而 2008 年，前两大 GPO 的年度采购额才分别为 360 亿美元和 300 亿美元。经过 10 年时间，GPO 市场的整合逐渐走向高峰，GPO 的整合使得年度采购额增长到千亿美元规模，增幅高达 67%～178%。这种情况为监管机构敲响了警钟，对 GPO 采购可能发生的贸易限制或垄断企图应给予规范管理。

（二）GPO 垄断相关的法律法规

为回应对 GPO 垄断行为的担忧，美国司法部和联邦贸易委员会对 GPO 可能违反《联邦反垄断法》的行为展开调查。1993 年，美国司法部和联邦贸易委员会联合出台了《卫生保健反垄断执法政策声明》，评估 GPO 形成垄断的可能，后经两次修订，其中于 1996 年出台的版本详细说明了包括成立 GPO 在内的相关执行政策，它指出“医院或其他医疗服务提供商之间的多数联合采购不会引起反垄断担忧，这样的合作通常会让参与者提高效率以有利于消费者”，具体准则如下。

联合采购不太可能引起反垄断方面的担忧，除非该采购占此类产品或服务购买的比重较大，以至于可以通过其支配地位影响市场，或者购买的产品或服务占联合采购的比重较大，以至于可以导致价格固定或阻碍市场竞争。如果以上两者均不满足，则不会引起垄断问题。

同时，美国司法部和美国联邦贸易委员会提出两个定量指标用于控制 GPO 的采购行为，该意见可被各监管机构和 GPO 行业组织用于确定某个 GPO 是否存在引发垄断的市场行为。GPO 如果符合下述两个标准将不被认定为垄断：①一个医疗卫生机构通过一个 GPO 采购的某一产品或服务的数量，不超过该医疗卫生机构该产品或服务总量的 35%。此条件限制了 GPO 在产品或服务的购买中所占的份额，从而可以有效行使买方的市场权力。如果 GPO 的购买力使产品或服务的价格低于竞争水平，那么一旦供应商通过降低产量、质量或创新予以回应，就会使成员医院的利益受到伤害。②一个医疗卫生机构通过某一 GPO 采购的总额，必须低于该 GPO 全部采购总额的 20%。这种情况着眼于 GPO 采购在各成员医院的收入中所占的份额，从而可以避免医院的采购成本过分标准化而达到足以非常容易地固定或协调价格的程度。两个指标旨在控制 GPO 组织的市场势力，避免过高的市场集中度，从而避免垄断的出现。

面对 GPO 合并可能产生的垄断行为，美国积极运用反垄断法来规制该行为对医疗行业市场竞争的影响，并以 1890 年《谢尔曼反托拉斯法》（*Sherman Antitrust Act*）和 1914 年《克莱顿反托拉斯法》（*Clayton Antitrust Act*）为基础制定了一系列法律规定。例如，美国国会于 1950 年通过了《塞勒-凯弗维尔反兼并法》（*Celler-Kefauver Antimerger Act*），对《克莱顿反托拉斯法》的第七条进行了修正，增加了关于取得财产的规定。该规定禁止任何公司购买其他公司的股票或资产（如果这种购买有可能导致竞争的大大削弱或产生垄断）。1976 年，美国国会又通过了《哈特-斯科特-罗迪诺反托拉斯改进法》（*Hart-Scott-Rodino Antitrust Improvement Act*），该法规定：大型企业的合并必须在合并之前向联邦委员会或司法部反垄断局申报批准。1980 年《反托拉斯程序修订法》（*Antitrust Procedural Improvements Act*）把反垄断的对象和适用范围从公司并购行为扩展到一些未经注册的社团，如总销售额超过 5 亿美元的合伙企业或一些没有进行注册登记的“合营企业”。

美国《谢尔曼反托拉斯法》和《克莱顿反托拉斯法》

《谢尔曼反托拉斯法》是 1890 年美国国会制定的第一部也是最基本的一部反托拉斯法（反垄断法）(Antitrust Laws)，还是美国历史上第一个授权联邦政府控制、干预经济的法案。该法因由参议员约翰·谢尔曼（John Sherman）提出而得名，正式名称是《保护贸易及商业以免非法限制及垄断法案》。该法规定：凡以托拉斯形式订立契约、实行合并或阴谋限制贸易的行为，均属违法，旨在垄断州际商业和贸易的任何一部分的垄断或试图垄断、联合或共谋犯罪的个人或组织，将受到民事的或刑事的制裁。但是，该法对什么是垄断行为、什么是限制贸易活动并未做出明确解释，给司法解释留下了广泛的空间，而且这种司法解释受到经济背景的深刻影响。尽管如此，《谢尔曼反托拉斯法》还是奠定了反托拉斯法的坚实基础。在此之后，1914 年美国国会制定了第二部重要的反托拉斯立法《克莱顿反托拉斯法》，作为对《谢尔曼反托拉斯法》的补充。该法明确规定了 17 种非法垄断行为，其中包括价格歧视、搭卖合同等。《克莱顿反托拉斯法》的主要目的是制止反竞争性的企业兼并及资本和经济力量的集中。但是该法的措辞极为含混和笼统，诸如“贸易”“联合”“限制”等关键术语词义不明，也给司法解释留下了广泛空间。

即使美国司法与立法部门及时察觉到 GPO 行业大规模合并背后的深远影响，并企图通过法律体系进行监管规制，市场的整合还是导致了 GPO 的寡头市场结构，市场的进入壁垒不低，大型 GPO 导致垄断的问题愈发突出。如今的 GPO 与早期有着根本的不同，作为高度集中的寡头垄断，行业成员有机会赚取运营过程中高于平均利润水平的巨额收益。目前美国国内的大型 GPO 正利用其日益增加的寡头垄断能力不断增加利润水平。由于目前的 GPO 主要还是营利性组织，其在很大程度上也是私有的，通过对产品及服务的供应商和用户的严格限制，他们能够获得更大的市场优势。总体上，监管机构相对缺乏监督执行，而 GPO 行业本身的监督措施也很少，这进一步加剧了此问题。每当委托人（成员医院）不能完全监督代理人（GPO）的行为并且代理人（GPO）不承担其冒险行为的总成本时，就会出现这种情况，这种情况甚至作为道德风险在经济学领域中被广泛研究。

另一方面，当前较大的 GPO 没有相互竞争的动力。他们享有同一供应商库，提供基本相似的服务。因此，利润并非来自效率提升，而是来自日益增强的寡头垄断能力。大型 GPO 不相互竞争还有另一个重要原因是考虑到他们的目标竞争对手是另一个同样大型的 GPO，竞争对手会对他们施加很大的阻力以免失去市场份额。现代医疗保健公司的调查结果表明，行业顶尖公司的构成保持相对稳定，其发生变化是行业内部整合的结果，这也是寡头行业的典型特征。这种竞争的最终结果是增加两个竞争对手的成本。

目前，由于医疗卫生机构对 GPO 的普遍不满，大型医疗卫生机构纷纷开设自己的 GPO，或者索性在部分产品的采购上直接绕过 GPO。因此，GPO 在美国医疗采购中的透明度和合规性需要进一步改善，如需要监督和执法部门加强评估和执法，加强反垄断措施，在医院服务供应和医疗器械市场鼓励竞争与创新等。反垄断法对不同公司的处理方式也应有所不同，如何处理应首先取决于企业是通过增长还是通过合并达到一定规模。但如果企业扩大规模或提升市场集中度的行为构成违法行为，那该行为就是法律应该关注的重点，而不是仅关注一家公司如何获得其市场支配地位。加强反垄断法对该行业合并行为的规制，不仅能够有效控制该行业的反竞争性行为，重塑其有效竞争结构与秩序，还能提升其经济运行效率，进一步促进其市场化改革。

第二节　GPO 的政府监管

GPO 组织运营和业务的各方面分别由卫生与公众服务部（HHS）、司法部和联邦贸易委员会进行监督。其中，HHS 负责执行反商业贿赂法规，虽然法律和监管并不要求对 GPO 的书面协议和披露进行常规监控，但 HHS 还是有权调查可能违反《联邦反回扣法》的行为并实施行政处罚，包括民事罚款，或将违反法令的 GPO 排除在联邦医疗计划之外。HHS 还可能将这种违规行为提交给司法部，以对 GPO 采取刑事措施。但是，由于 GPO 不直接参与医疗保险，使其不与医疗保险和医疗补助服务中心签订供应商协议，也造成 HHS 没有对 GPO 广泛使用其监督权力。实际上，自 2004 年以来，HHS 也一直未行使其权力来请求审查与 GPO 合同管理费有关的披露，但是其在对医院的成本报告进行审计时还是会收集有关 GPO 合同管理费的信息。

自 2000 年起，GPO 开始深陷到一系列负面报道之中，饱受争议和质疑，因此司法部、卫生与公众服务部监察长办公室和联邦贸易委员会通过听证会、定期行业调查报告等方式，共同加强对 GPO 行为的监督和规范。

一、司法部和联邦贸易委员会

美国司法部负责保障法律的施行，维护政府的法律利益和保障法律对所有公民的平等性。联邦贸易委员会是独立的执法机构，其职能是保护消费者权益和反垄断，对反竞争、欺骗或不公平商业行为具有执法权，在不妨碍合法商业活动的情况下保护各经济领域的竞争。

在反垄断法的具体执行过程中，美国司法部和联邦贸易委员会每年接收和调查大约 1 宗针对 GPO 的投诉。例如，2007 年，司法部曾质疑 GPO 及其成员医院在购买临时护理服务方面的行为，称 GPO 导致亚利桑那州支付给临时护士的工资低于竞争水平。最后，该案件通过达成和解并签发同意令才得以解决。2010 年，美国司法部收到了某些医疗设备制造商的投诉，质疑该行业的总体结构及运作方式涉嫌垄断。司法部尽管与申诉人进行了交谈，但并未展开调查。截至 2014 年，联邦贸易委员会自 2004 年以来未对 GPO 采取任何执法行动。

二、卫生与公众服务部监察长办公室

美国卫生与公众服务部负责评估 GPO 对医疗保险和医疗补助费用的影响。卫生与公众服务部监察长办公室是一个独立、客观的内部监督机构，主要职责包括开展对医疗卫生项目和行动的相关审计与调查，确保政府部门了解有关项目和行动实施中的问题与不足，以及采取整改措施，提供政策建议。

卫生与公众服务部监察长办公室发布的报告显示，3 家 GPO 在 4 年内收取的 18 亿美元费用中，有 13 亿美元超出了其运营支出，其中 8.98 亿美元返回给医院，而 GPO 则保留了超过 4 亿美元用于风险投资和储备金，并且没有一家医院准确地将费用报告给 Medicare。

在这些问题被披露后，学者、官员开始进行此类问题的研究，部分制造商或其相关行业组织也针对 GPO 的不当行为向媒体、参议院和法院提出申诉，问题主要围绕四个方面：创新产品是否被排除在 GPO 之外、GPO 长期合同（long-term contract）（一般 3～5 年）是否减少市场竞争并阻碍创新型小公司进入、GPO 是否为医院提供更好的价格和价值，以及 GPO 与大型供应商之间的财务关系及潜在的利益冲突是否带来危害。这期间，一系列支持和反对 GPO 的白皮书和专家报告不仅被大众传媒广泛传播，也被用于诉讼程序中以论证他们对 GPO 的某些主张。GPO 行业组织，如医疗产业集团采购协会（Health Industry Group Purchasing Association，HIGPA）、医疗供应链协会（Healthcare Supply Chain Association，HSCA）也加入到对 GPO 的支持辩护中，使得对立双方的争论日趋激烈。特别是，许多批评者呼吁参议院废除 GPO 安全港条例的要求，使得矛盾被激化到顶峰。

三、参议院

参议院听证会是美国参议院工作的重要组成部分。参众两院举行听证会是为了收集信息，审查政府机构的表现，调查可能的不当行为。

在此背景下，参议院反垄断法、竞争政策和消费者权益委员会及美国政府问责局（Government Accountability Office，GAO）就 GPO 与主要医疗供应商的做法举行了多场听证会和调查取证，以论证 GPO 行业是否存在违反规定或阻止医疗行业间良性发展的问题。其中有四次听证会与五份来自 GAO 的行业报告较为著名，涉及关系行业发展的关键问题，并在当时产生了相当的影响力，有助于完善对 GPO 的管理规范。

美国参议院听证会制度

听证的法律依据来自参议院议事规则。历经百年发展，听证制度已在立法和政策制定过程中成为收集与分析信息的有效手段；同时，参议院也通过听证制度监督政府活动和公共项目进展，最重要的是听证制度让利益相关方知晓并参与法律和政策制定过程，降低公共政策带来的社会风险和体现社会治理的民主化。

开展听证的主体是参议院各委员会。根据不同目的和用途，参议院的听证一般可分为立法、监督、调查、确认四种。其不仅对有可能进入立法程序的政治议题进行调查评估，也对医疗采购相关法律法规实施情况开展监督听证。尤其针对相关采购行为暴露出的法律漏洞，通过进行调查听证对法律法规进行修订和完善。

听证会流程主要分为三部分：首先，确定听证会的时间、地点、议题、人员、规则，准备相关资料。然后，正式召开听证会。最后，在听证会结束后，根据听证人的发言和提交的证据，形成听证报告，为法案通过或废止提供重要依据，也为日后考察立法原意提供依据。

通过听证制度政府可以及时了解和跟进医疗采购活动或项目的进展情况或问题。在听证过程中，生产企业、医疗卫生机构、医生团体、患者团体及 GPO 组织等各利益相关方都能够参与法律法规制定，并充分表达各自的诉求，同时，政府立法、司法和行政部门也参与到听证调查中，对医疗费用、市场竞争、行业创新等关键问题，各方提供的观点、立场、论据和建议进行评估和审议，进而不断完善现行法律规范，形成行业准则，加强政府监督管理。

（一）对 GPO 是否降低医疗费用的听证

2002 年 4 月，召开了 GPO 行业的第一次听证会，参议院议员、GPO 代表（Premier 总裁等）、企业代表（Masimo 首席执行官）及医生代表（Citrus Valley 医疗中心新生儿学家等）参会，就 GPO 现状提出了一系列问题，重点讨论了 GPO 是否可以降低患者医疗费用。会议中提出的三个主要论点如下。

首先是利益冲突，特别是供应商间财务关系，不正当利益关系会影响医疗保健决策。例如，Premier 总裁利用合同换取某药品公司数百万美元的股票期权；另一家大型 GPO Novation 要求某供应商在某网站销售其产品，因该网站投资人很多是 Novation 的高级管理人员。

其次是 GPO 可能会阻碍医疗竞争和创新，并限制医生选择最佳治疗方法。曾有这样的案例，因某起搏器未获得 GPO 合同，已躺在手术台上的患者在麻醉前被医院通知不能使用该起搏器。GPO 的独家采购、采购量承诺（要求医院从一家公司购买多达 90%的产品以获取最大折扣）和捆绑销售等做法虽然为医院提供了额外的折扣及奖金，但其严重影响医生为患者选择最佳产品的能力，也不利于有竞争力的制造商生存和创新。对 GPO 持反对意见的医生代表达成共识：会员医院在产品选择上没有话语权成为临床障碍，普遍要求 GPO 重新构建合规条款。

最后，对 GPO 是否达到节省医疗费用的目标提出质疑。GAO 报告指出在很多情况下，如果医院不参与 GPO，甚至可以得到更好的折扣。两大 GPO Premier 和 Novation 领导层对上述问题做出回应，他们展示了 GPO 运营至今节省医疗费用的事实证据，并在最后澄清了个人利益关系。

会议决定整个 GPO 行业应与政府一起制定行为准则，以解决这些道德和合规问题，并指出如果没有快速有效的自我监管，将考虑从国会层面采取相应行动。参议员同时表示已写信给司法部和联邦贸易委员会，要求其在多数情况下重新审查保护 GPO 不受联邦反托拉斯审查的准则。

（二）对 GPO 是否让医疗市场竞争更开放的听证

2003 年 7 月，再次举行了关于 GPO 行业的听证，参议员、GPO 代表（Novation 总裁、Premier 总裁）、企业代表（Applied 总裁、BIOTORNIK 副总裁）及医院代表（医院采购顾问）等出席了听证会。听证的主要内容是自从一年前对 Premier 和 Novation 提出改进意见之后有哪些变化，以及还有什么需要改进的地方。

Novation 总裁表示过去一年在创新技术、合规等多个方面做出了明显改进。Premier 总裁介绍其支持医疗产业集团采购协会（HIGPA）通过了整个行业的行为准则。然而，加州 Applied Medical 公司（Applied Medical Resources Corporation）总裁 Said Hilal 严厉抨击了 GPO 下的美国创新。他指出在 2000 年 Novation 就缝线、套管针等产品采购开展竞价，其中 Applied Medical 公司出价 150 美元，最终却由出价 250 美元的强生公司获得此项合同。申诉后数月 Novation 才予以回复，称因为 Applied Medical 公司无强生公司提供的与套管针捆绑的产品。

与此同时，器械公司 BIOTORNIK 副总裁在会上明确指出 GPO 采购通常偏好占市场份额较大的供应商，新技术在 GPO 审批准入通道上受限，阻碍了患者获得更好、更优惠技术的权益；并提出了 GPO 改善建议，包括增加突破性新技术单独通道，以允许突破性技术快速方便地进入 GPO 系统并进行评估。

在此次聆讯后，参加的 GPO 逐渐认同开放的医疗市场需要更多来自 GPO 方面的努力和改善。虽然 GPO 大多青睐具有成熟技术的产品，但其也深刻意识到创新技术对临床和患者的重要性及吸引力，并同意将定期评估市场，不断推出并实施鼓励医疗创新、新产品供应和突破性新技术准入的政策。

（三）对 GPO 如何保持医疗行业创新并节约医疗成本的听证

为了解和判定 GPO 如何保持医疗行业的创新并节约医疗成本，参议院反垄断法、竞争政策、消费者权益委员会于 2004 年 9 月开始了针对 GPO 行业的第三次听证，参议员、律师、企业代表（Masimo 首席执行官）及行业协会代表到会出席，并邀请了服务业雇员国际工会（Service Empolyees International Union，SEIU）提供评论。此次听证会中，俄亥俄州参议员 Mike DeWine 指出自 2002 年以来 GPO 行业已经做出了许多改善与提高，但向监管机构的投诉表明 GPO 仍存在明显的问题，并提出三个 GPO 的改革方式，分别为保持现状、转移监管权力及自愿增加行为准则。

具有多年行业经验的律师 David A. Balto 从市场竞争、反垄断法和政府监管等方面指出当下 GPO 中自我约束、选择性执法并没有发挥有效作用，美国国会应该采取行动来规范反竞争活动，以保护消费者获得竞争市场的权利。

器械公司 Masimo 首席执行官讲述了该公司自 2002 年投诉某些 GPO 的反竞争做法及其与供应商合谋行为的经历。在第一次听证会后，Premier 解除了与另一家器械公司 Tyco 的独家合同，并将 Masimo 纳入其中。同样，在第二次听证会前夕 Novation 采用了同样的做法，然而却在一个月后通知其成员医院采购 Tyco 某款即将过期的产品，此举不仅违背了该多来源合同，而且该产品高昂的价格还大幅增加了医院采购费用。此外，多位与会发言者均表示了对 GPO 现有问题的担忧。

在此次听证会后，全美 9 家大型 GPO 组织成立了 HGPII，以促进和监督在为医院和其他医疗服务提供商购买产品时的道德标准和商业惯例。通过加入 HGPII，成员组织保证遵循该倡议制定的一系列核心原则，以通过透明度改善、监督规范其道德和商业行为，来保持公众对其的信任度。

（四）对 GPO 行业倡议是否有效的听证

2006 年 3 月，参议院反垄断法、竞争政策、消费者权益委员会就 GPO 集团采购行业倡议的现状和未来前景召开听证会。与此同时，参议院反垄断法、竞争政策、消费者权益委员会提出三项法案作为改革的可能途径:《医疗器械竞争法案》(*Medical Device Competition Act*)要求卫生部与司法部和联邦贸易委员会共同建立一套司法程序，以每年审核 GPO 是否遵守法规要求；《医院集团采购组织改革法案》(*Hospital Group Purchasing Organization Reform Act*)旨在修改《社会保障法》第 11 条，希望通过成立合规办公室完善监督，以确保医疗设备和医院供应链行业的全面自由竞争；《医院采购竞争保障法案》(*Ensuring Competition in Hospital Purchasing Act*)目的在于废除安全港条例，以作为美国国会可能采取的最重要、有效的行动。由于遭到了 GPO 行业的强烈反对,法案最终均未进入议会投票环节。

新技术准入获得政府支持并在 GPO 行业内得到不断完善。四次听证会中均提及 GPO 对新技术准入的限制问题，在问题提出后，GPO 及行业协会通过定期市场评估、制定针对新技术的准入途径、提高准入时效性及行业协会全面监督等各种方式大幅增加新技术准入的支持性政策。随着 HGPII 的成立，其成员均建立了单独通道以保证新医疗产品和技术的准入，GPO 中相应的委员会根据新技术对市场的贡献，包括患者护理、患者安全及医护人员安全等指标对新技术进行评估，同时为许多初创公司提供所需的市场准入，并可能使其加快获得合同。行业领先的 GPO Vizient 每年举办一次创新技术交流会，展示大约 100 种产品，通过召集其成员医疗卫生机构，助力生产商将其产品推向市场。HealthTrust 每年举行一次创新峰会，每年约有 50 种创新产品参加。同时，生产商可以随时在其线上创新中心提交任何新产品或技术以供评估，该 GPO 每年审查数百个类别创新产品。在签订合同方面，HGPII 成员均遵守严格的竞争性招标流程，针对单一来源合同设定批准额度，要求这些多数是专利产品或缺少一个以上合格供应商的产品，包括品牌药品或创新技术。这些合同也多为通过上述提及的 GPO 的随时提交持续审查系统签订。同时，HGPII 成员医院被允许在采购周期中的任何时候签订 GPO 创新技术合同，这很大程度上为新技术快速准入清除了障碍。

四、美国政府问责局

除召开由 GPO 和其他行业各相关代表参加的听证会外,美国国会也要求作为政府机构之一的美国政府问责局(GAO)对 GPO 展开调查取证。该局是美国国会的下属机构，主要职责是调查、监督联邦政府的规划和支出，其前身是美国审计总署，该机构是一个独立机构，只对国会负责，以中立精神原则开展工作。因此，GAO 一直致力于通过提供客观和可信的评估来帮助联邦政府节约政府支出，提高政府工作有效性，确保政府的行为是为了美国公众的福利。GAO 在过去十几年的时间内对 GPO 全行业进行了数次调查，并先后发布了 5 份报告，内容涵盖反竞争性行为、服务类型、资金管控、监察机制及价格影响等方面。

（一）2003 年：医疗手术产品合同中的流程和策略报告

该报告主要针对 GPO 是否可能具有反竞争性等问题调查了 8 家 GPO，并作为 GPO 第二次听证会的证词。

该报告发现了 GPO 采购流程和管理费收取中的违规行为。GPO 的产品选择过程时间为 1～18 个月，一般为 6 个月。在这个过程中，GPO 能够左右产品遴选，当产品被界定为具有创新性时，GPO 可以加快或修改流程以迅速授予合同。报告还表明 7 家 GPO 曾在 2002 年从制造商处收取了行政服务费用，该费用通常与法规中的 3%管理费要求一致，但是对于某些产品费用可高达 18%。除了独家合同在 GPO 中被广泛使用，大多数 GPO 在主要业务部分中还使用捆绑合同。

该报告回应了 2002 年国会对 GPO 反竞争行为的担忧，也指出 GPO 行业协会意识到反竞争行为对行业发展带来的伤害，并为此制定了相关行为守则，规范 GPO 相关采购行为。

（二）2010 年：向客户提供的服务及其业务实践相关倡议报告

该报告是按照国会要求，描述 GPO 向其成员医院提供的采购服务类型及相应费用，报告共调查了 6 家 GPO。

GPO 提供的服务主要为三项：定制合同、临床评估和产品标准化、新技术评估。同时报告表明 2008 年 GPO 收取的管理服务费为 1.22%～2.25%，并且所有接受采访的 GPO 都有评估和迅速将可能给患者带来有意义的创新技术推向市场的计划。

GAO 的报告表明在对 GPO 行为进行长期全面的政府监管规范和严格的行业自律后，GPO 在费用管理和新技术准入方面体现出良好的合规性和时效性。

（三）2011 年：对医疗提供方采购价格影响报告

该报告在国会财务委员会 Charles E. Grassley 参议员的要求下，对 GPO 成员医院的采购价格进行审查。

GAO 通过文献综述查阅 2004～2009 年发表的所有有关 GPO 对医疗提供方采购价格影响的公开文献，但只获得了一项针对全美医院采购办主任的调查。这项调查针对 7 家 GPO 的所有成员医院与美国医院协会下属的医疗资源和材料管理协会的个人成员，受调查医院占采取 GPO 购买的医院的近 93%，受调查的材料管理者约为 5014 人。该调查认为医院与 GPO 之间的联盟可以通过降低产品价格、共同协商的合同降低交易成本及返还部分款项和分红增加医院收入，来抑制医疗保健成本的上涨。但该调查没有对医院进行充分的实证分析，且其回应率仅为 16%，也受到了一定质疑。

尽管该调查有一定局限性，但总体而言，医院作为医疗服务主要提供方，比较认可 GPO 对降低采购价格所起的作用，GPO 采购的结余分红机制也可对医院起到激励作用，促进 GPO 的良性发展。

（四）2012 年：联邦监督与自我监管报告

该报告是 GAO 在 Herb Kohl、Charles E. Grassley 和 Tom Coburn 三位议员要求下产生的，主要负责调查政府和行业针对 GPO 的监察机制。

该报告表明，自 2004 年以来，监察长办公室未例行行使其权限来请求和审查与 GPO 合同管理费有关的披露，但收集了有关 GPO 合同管理费的信息。该报告也重申，GPO 已积极采取措施进行自我监管，并已提高医疗保健供应链的透明度和问责制。GAO 还将该报告提供给各方以征求意见，其中 HHS、DOJ 和 HGPII 提供了适当的专业化解析，HSCA 认为此份 GAO 报告表明联邦政府具有足够的能力来监管和调查 GPO，并且政府已经行使了监督能力，但没有发现 GPO 反竞争行为的证据。

该报告再次说明经过 10 年左右的不断完善，政府立法、司法、执法监督部门，以及 GPO 行业协会对 GPO 组织的监管颇有成效，GPO 采购行为更加规范合理。

（五）2014 年：资金结构对 Medicare 费用可能影响报告

该报告是 GAO 为回应国会对 GPO 合同及资金结构提出的疑问所实施的调查。GAO 向前五大 GPO 代表发送了一份有关其签约和收入来源的调查表，审查了有关文献、法律法规和指南，并采访了多方专家。

该报告发现所审查的 5 家 GPO 中大多数是双源或多源合同，没有捆绑无关的产品，多数合同周期是 3 年，且管理费均基于合同采购额的百分比。2012 年，5 家 GPO 的服务管理费总计约为 23 亿美元，其中近 70%的费用已返还给医疗提供方。该报告同时指出，基于供应商缴纳管理费的资金结构短期内可能会影响医疗产品和服务的采购价格，长期来看则可能会通过医疗提供方向 CMS 报告的收入信息来影响 Medicare 的付款率，然而 2005 年以来大部分医疗提供方并未向 CMS 报告该部分收益，这将使 CMS 对医疗保险的支付产生大量多余支出。

最后，GAO 并没有建议废除安全港条例，它指出任何废止都可能在短期内破坏医疗保健供应链，从长期来看，GPO 和医疗提供方很可能会适应新的市场环境。GAO 敦促 HHS 审核医院费用报告，以确定是否存在漏报情况及其对 Medicare 费用的影响。

尽管 GPO 的资金结构存在对医保费率的影响，但 GAO 长达 10 多年的追踪调查表明 GPO 持续致力于节约医疗成本并提供了广泛的有价值服务。GPO 积极提高了医疗采购合同的透明度，并有效保护了医疗技术创新。但管理费返还和分红模式也衍生出了针对 GPO 行为监管的新问题。管理费返还模式极大地激励了医疗机构参与 GPO 采购的积极性，但同时分红收益也会诱发医院追逐更高的经济效益，而不愿主动上报分红收入。由于 GPO 本身资金结构的限制和医疗机构在资金管理上的漏洞，CMS 无法真实获得医院医疗成本数据，以至于调高了医保费率并支付了多余的医保费用。GAO 意识到了该问题的严重性，促使 HHS 增加审核医院费用报告，杜绝医院漏报现象，并评估漏报对 CMS 医保费率的影响。虽然 HHS 有权对医疗机构开展调查和行政处罚，但长期以来 HHS 很少行使该权力，同时，GPO 组织资金构成和分红机制的复杂性（如医院自己成立 GPO）使得 HHS 也很难独立开展调查、界定违规和执法。因此，未来对医院漏报问题的管理，还依赖于跨部门的合作、长期且独立的调查和证据收集及法律法规的不断完善，才能修正 GPO 发展中出现的各种问题。

从 2002～2014 年，来自美国政府机构对 GPO 的监管措施，包括参议院反垄断法、竞争政策和消费者权益委员会召开的系列听证及委托 GAO 独立组织的调查取证。这客观表明了美国政府对 GPO 行业发展及存在问题给予了充分重视，响应了来自不同阶层、行业、身份代表的申诉，促生了一系列 GPO 行业的措施改变。医疗行业采购的良好运行更需要长远的政府监管和强有力的政策执行，同时也离不开行业的自我监督和广泛的社会监督。

第三节 美国 GPO 的行业自律和社会监督

随着 GPO 行业的快速合并及规模扩张，其存在的反竞争倾向和相关腐败行为一直饱受争议，但总体来说 GPO 发挥了提高医疗采购效率、节约医疗支出成本的功能。GPO 行业的平稳运行一方面与政府对其保持的监管有关，另一方面则归功于 GPO 行业内自发组织制定或参与的监管行为，包括成立了扮演监管角色的医疗产业集团采购协会（医疗供应链协会的前身）与医疗集团采购行业倡议，制定了规范 GPO 行为的医疗产业集团采购协会行为准则和业内个体准则，设立了用于纠错查偏的公众问责制度和供应商申诉流程（grievance process）等。

一、行业自律

（一）医疗产业集团采购协会行为准则

1910 年，第一家 GPO 由纽约医院管理局创建后，GPO 的数量增长缓慢，20

世纪 60 年代初，只有不到 12 家 GPO。随着医疗保健的显著进步、人口老龄化、医院不断增长的支出，以及来自政府和私营支付方的报销压力与日俱增，GPO 的重要性及数量与日俱增。1990 年，代表了 16 家 GPO 的医疗产业集团采购协会正式成立。其组织成员包括营利性和非营利性公司、采购集团、医院系统和医疗服务提供方等，致力于通过传递 GPO 的节约和效率，展示 GPO 在努力降低医疗保险和医疗补助计划成本与提高医院和其他医疗服务提供方供应链效率中的重要性。

医疗产业集团采购协会主要为其成员提供五项服务：倡导其成员与所有立法和监管机构合作，确保在卫生行业这个开放和竞争的市场中采取公平和高效的采购做法；提供教育机会，旨在提高卫生行业内所有商品和服务的购买、销售和利用效率；通过行为准则中的标准，维护行业内商业行为的道德操守，旨在加强医疗服务的完整性；提高会员提供高质量、高成本效益医疗服务的意识；促进从事集团采购的卫生行业组织与其他行业实体就共同关心的问题进行有意义的对话。

2002 年和 2003 年，有观点认为 GPO 同大型医疗服务提供方的合作会无形中将一些具有创造性但规模较小的公司排除在市场之外，而一些患者很有可能因得不到相应的创新服务而失去生命。面对呼声和抗议，参议院司法委员会就小型医疗设备制造商的投诉举行了听证，证实了这种说法。于是在听证会之后，2002 年 7 月 24 日，医疗产业集团采购协会通过了行为准则（GPO Code），旨在使医疗用品采购市场更加透明和有竞争力，确保患者获得最高质量的护理。这些原则包括法律合规性、供应商付款的披露、利益冲突、产品创新，以及有权使用 GPO 合同流程的多样化等。GPO 致力于遵守这些原则，并基于每家 GPO 独特的业务制定特定合规政策和程序，不得出现任何违背本原则意图和宗旨的行为。原则包括允许医院和其他成员直接从所有供应商那里购买临床偏好项目，而不管供应商是否具有 GPO 合同；实施公开的合同招标程序，允许任何感兴趣的供应商与 GPO 寻求合同；参与评估和提供创新产品的过程；解决利益冲突，如不允许员工在合同规定中担任有影响力的职位，以持有“参与供应商”的股权或接受来自“参与供应商”的礼物或招待；建立问责措施，如任命合规官并每年证明 GPO 符合医疗产业集团采购协会相应法规及行为准则。

医疗产业集团采购协会准则还包含有关行业协会的教育和报告责任的若干规定，包括评估和更新行为准则，使其与新的发展和最佳业务实践保持一致；实施关于临床创新、合同策略、患者安全、公共政策、法律要求和最佳实践的全行业教育计划；提供一个基于 Web 的目录，其中张贴制造商和其他供应商的产品信息；发布年度报告，列出已通过医疗产业集团采购协会行为准则以证明其当年合规性的 GPO。

医疗产业集团采购协会的更名

2011 年，医疗产业集团采购协会在华盛顿举行的年度国际博览会上宣布了该组织已更名为医疗供应链协会，更准确地反映了组织在医疗供应链中的地位，并继续致力于将经验和专业知识与协会成员和不断变化的行业相结合。其中，医疗供应链协会主席兼 Amerinet 公司总裁兼首席执行官 Todd Ebert 说："无论患者是在城市大型医院，还是 10 张床的农村医院，抑或是疗养院或任何介于两者之间的医疗卫生机构接受治疗，医疗供应链协会的成员每天都积极影响患者的生活和连续护理的每个阶段。"

（二）GPO 个体准则

截至 2003 年 5 月 19 日，医疗产业集团采购协会的部分 GPO 成员已证明他们符合医疗产业集团采购协会行为准则。尽管医疗产业集团采购协会行为准则为许多 GPO 改变其商业行为奠定了基础，但其准则并未全面解决某些商业行为中的问题。具体而言，虽然医疗产业集团采购协会行为准则要求 GPO 处理与签约、利益冲突和问责制相关的商业事宜，并授予 GPO 使用签约策略的酌处权。同时也建议 GPO 在使用多种签约策略时，应考虑供应商市场份额、GPO 规模和产品创新等因素。但是，医疗产业集团采购协会行为准则并未直接涉及合同管理费或提供自有品牌产品相关问题，另外规定中的例外和限定语言可能也会减弱行为准则执行力度或执行中产生的偏差，这些示例和语言进而可以影响单个 GPO 的商业行为模式。例如，四家 GPO（包括前两大 GPO 中的一家）对联邦法规所规定的管理费用上限不超过 3%的规定不加限制，另一家大规模的 GPO 规定，仅针对临床偏好项目及仅在 GPO 行为准则制定后授予的合同管理费用最高不得超过 3%。此外，有的 GPO 将行为准则中关于单一来源的合同相关规定专门限制用于临床偏好项目，另一个行为准则将单一采购的使用限制在满足某些标准的合同上，如 GPO 合同委员会的 75%批准使用该合同。

自 2002 年 8 月开始，7 家 GPO（甚至包括不是医疗产业集团采购协会成员的 GPO）开始起草并采用了自己的行为准则或修订了原有的协会的行为准则。修订后的规范与医疗产业集团采购协会规范一致，但比医疗产业集团采购协会的原则更为具体，并通过增加限制管理费用和禁止捆绑销售的规定扩增了医疗产业集团采购协会的行为准则。同样，不是医疗产业集团采购协会成员的 GPO 表示，他们已修改了现有的行为准则，并且在某些方面其行为准则比医疗产业集团采购协会的准则更严格。例如，有的 GPO 明确规定禁止捆绑不相关产品的行为，有的 GPO 禁止并限制两个针对临床偏爱产品的捆绑，有的 GPO 禁止捆绑来自不同制造商的产品。有的 GPO 的行为准则规定，GPO 不会强迫其客户购买捆绑的无关产品，从而可以自愿向客户提供捆绑产品。医疗产业集团采购协会行为准则与 GPO 个体准则的差异见表 3-1。

表 3-1 医疗产业集团采购协会行为准则与 GPO 个体准则的差异

行为准则涉及领域	医疗产业集团采购协会成员					非协会成员	
	GPO A	GPO B	GPO C	GPO D	GPO E	GPO F	GPO G
产品合理选择	●▲	●▲	●	●▲	●▲	▲	
合同管理费	▲	▲		▲	▲	▲	
单一来源合同	●▲	●▲	●	●▲	●▲	▲	
捆绑销售	●▲	●▲	●▲	●▲	●▲	▲	
信赖水准承诺	●▲	●▲	●	●▲	●▲	▲	
合同有效时间	●▲	●▲	●	●▲	●▲	▲	

注：● 医疗产业集团采购协会涉及；▲ 部分 GPO 个体涉及；GPO G 均未涉及。

（三）医疗集团采购行业倡议

2005 年，为大多数美国医院提供服务的 9 家行业领先的 GPO 成立了另一大行业协会组织 HGPII，这是在 2004 年国会就对 GPO 的政府监管和对其商业行为的担忧举行听证会后成立的又一个大型 GPO 行业组织。HGPII 是一个独立和自愿的组织，旨在建立和确保可以实施医疗集团采购行业的最高道德标准和商业行为规范。HGPII 的每个签署方承诺遵守六项核心道德和商业原则，使用年度公共问责问卷每年报告遵守这些原则的情况，并参加年度最佳实践论坛，与其他 GPO 代表讨论最佳道德和商业行为做法。截至 2011 年 10 月，共有 11 家 GPO（包括前五大 GPO）是 HGPII 的成员。原则上，HGPII 的会员资格对任何 GPO 开放，包括那些集团采购只是其组织众多活动之一的实体。HGPII 预计不会拒绝任何诚信的会员申请或续签，但保留了因某些原因拒绝或暂停会员特权的权力。同时，作为其自我管理方法的一部分，如果成员 GPO 违反了 HGPII 的原则，则其可以撤销 GPO 的成员资格。HGPII 组织架构见表 3-2。

表 3-2 HGPII 组织架构

指导委员会	由所有签署组织的首席执行官组成，根据工作组的建议，为 HGPII 制定政策
工作组	由每个签署组织的一名指定人员组成，负责与 HGPII 协调员就正在进行的建议及与 HGPII 管理有关的其他领域开展合作
倡议协调员	本组织的日常运营官，负责规划和召开会议，包括年度最佳做法论坛，审查对年度公共问责问卷的答复，并编写一份关于签署方遵守原则最佳的年度报告

六项核心原则强调了 HGPII 的承诺，即利用符合道德规范的商业实践帮助医疗服务提供方以最可控的成本提供高质量的患者服务。HGPII 的六项核心原则具体内容：①签署方应具有并遵守书面商业行为准则；②各签署方应在组织内对其在本守则下的个人责任进行培训；③每一个签署方都承诺致力于实现高质量医疗和成本效益的双重目标；④每一个签署方承诺致力于一个开放和竞争性的采购过程，不存在利益冲突和任何不当影响；⑤每一个签署方应相互负责分享其在执行原则方面的最佳做法，并应参加年度最佳实践论坛；⑥每一个签署方通过参与这项倡议对公众负责。

HGPII 的核心原则为集团采购组织确立了高度的道德价值观和良好的商业惯例。HGPII 也代表 GPO 做出承诺，提高医疗保健供应链中的透明度和标准，并为消费者、供应商和政策制定者提供他们所需的信息，以通过合同制约束成本并提高质量。同时，所有成员组织也完全遵守 HGPII 核心原则，均已建立世界一流的道德合规和披露系统，并致力于员工道德合规培训和行为过程监控，遵守行业标准和有关组织收取的管理费用与充分披露的法定要求，坚持遵循符合最佳业务实践的可预测竞争性合同流程，同时为医疗服务提供方节约成本并选择适合产品和确保服务质量。

HGPII 不仅设置了一套指导 GPO 行为的道德准则和商业准则，同时要求其监测市场上可能出现的创新产品，并及时将它们纳入采购合同。例如，2008 年对行为准则进行了修订，要求将具有增量效益的产品及时纳入采购范围。此外，GPO 的每个成员也都制定了流程，以评估医疗市场中的技术创新，利用医疗服务提供方的经验和偏好来更新选择。例如，Premier 建立了“突破性新技术”审查流程，BIOTRONIK 提交了家庭监护技术（home monitoring technology）资料，Premier 的临床专家小组对该新技术进行评审并使其获得快速准入通过。领先的 GPO 更是通过赞助供应商博览会，了解和展示突破性的医疗技术和创新。总体来看，HGPII 成员积极参与有助于其成员 GPO 形成在医疗保健用品、医疗设备和服务领域中及时发现和采用新兴技术的商业惯例。

二、GPO 的公众问责制度

HGPII 要求每年每个成员 GPO 组织向其协调员提交一份报告，以对年度公共问责问卷（Public Accountability Questionnaire，PAQ）做出回应。这些报告向公众提供，并由 HGPII 协调员用于编写一份关于成员遵守原则的总结报告，以及在履行原则方面不断发展的最佳做法。年度公共问责问卷收集了关于每个成员 GPO 的商业实践、行为准则、利益冲突政策、费用结构、投标流程和许多其他深入问题领域的信息，衡量其成员公司遵守最高道德标准和商业行为的情况。这些对年度公共问责问卷的答复会公布在 HGPII 网站上，并在年度公共问责报告中加以总结。

采购组织相信，披露问责信息和最佳做法可以确保遵守 HGPII 的六项核心原则，这使决策者和公众能够评估这些努力的充分性。在每一份年度公共问责报告发布后，HGPII 成员将在春季参加年度最佳实践论坛，分享有见地的商业实践信息，并与医疗行业的决策者和其他领导者进行交流。例如，HealthTrust 对年度公众问责问卷 2019 年度的答复中所表述的，HealthTrust 致力于在与更多供应商签订合同时，使医生可以使用所有产品，通过取消对其产品选择自由的限制，使几乎所有公司都可以在达到目标价格范围时参与其中。

三、供应商申诉流程

在供应商合同的处理过程中难免发生争议与纠纷，为妥善应对这些情况并确保供应商有办法在合同审查流程中合法解决纠纷，以 HGPII 成员为主的 GPO 企业同意参加一个两步审查过程，如图 3-2 所示。

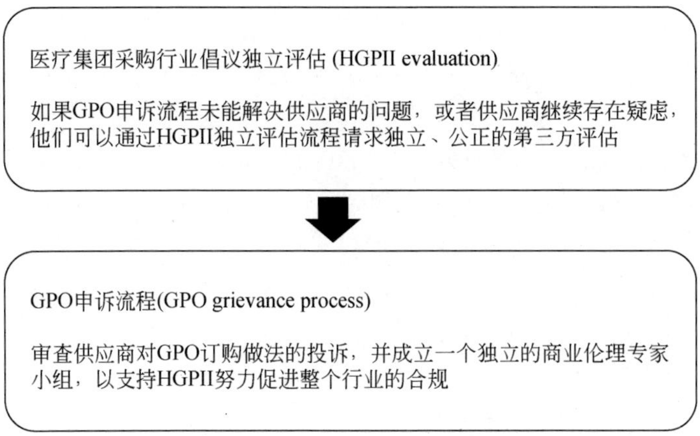

图 3-2　供应商申诉流程

可审查的供应商投诉类型发生于以下情况。①授标前：在招标公告前，供应商被通知将不会收到与此相关的竞标标书情况发生时，如供应商未能满足最低竞标要求等。②授标后：在招标公告发出的同时或之后，供应商被通知将不会收到授标情况发生时；当供应商在提交新技术合同授予请求后被拒绝授予合同时。

尽管个别 GPO 申诉流程各不相同，但每个流程都旨在让供应商了解投标及合同流程，促进对成员 GPO 决策的尊重，并为供应商提供机会提出流程中可能出现的问题。在绝大多数情况下，此过程足以解决供应商的问题。如果供应商对 GPO 因申诉程序而做出的决定不满意，为了解决供应商的担忧，HGPII 还在 2010 年补充了供应商申诉程序，可以允许美国仲裁协会（American Arbitration Association，AAA）对供应商的申诉提供审查服务。公共问责制度和供应商申诉制度的引入不仅增加了供应商对 GPO 的信心，而且明确了 GPO 愿意通过自我监管来保证医疗卫生服务提供方与供应商最佳权益的态度。

美国仲裁协会

美国仲裁协会是一个为争议提供解决服务的组织，其从中立专家列表中选择中立专家，以评估有争议的问题，并提供公正的意见。通过遵循 HGPII 独立评估流程，并利用美国仲裁协会审查和选择的中立专家，供应商可以得到完全独立的审查。中立方的作用是审查供应商的投诉，并评估供应商是否因 GPO 未能遵循合适的 GPO 合同流程原则而未能获得裁决。中立方可就 GPO 合同流程提出建议，但不会审查业务决策或属于成员委员会权限的决策，如临床评估或评分。此外，中立方无权对 GPO 合同程序或 GPO 申诉程序的合法性进行评估。

小　结

本章主要介绍 GPO 采购相关法律法规的形成、执行和完善。具体回顾了反商业贿赂、反垄断及安全港条例的制定和完善过程，同时，详细分析了 GPO 采购发展中暴露的一系列问题及美国政府各部门、行业协会等为解决这些问题而采取的全面监管和政策修订措施。医药商品的特殊性和复杂性决定了没有一种药品、医用耗材采购（medical supplies procurement）模式是完美无缺的。过去几十年美国政府对 GPO 的监管措施，充分表明美国政府对 GPO 行业发展的重视态度。美国 GPO 行业内部自我监管原则的实施，体现了 GPO 自我监管意识的不断提升，这不仅增加了供应商对 GPO 的信心，也确保了医疗卫生服务提供方与供应商获得最佳权益。美国政府通过完善相关法律法规和不断更新监管措施对 GPO 的行业加以约束和规范，GPO 行业内部也通过行业协会等形式建立和增强有效的行为原则，在二者相互作用构成的内外部环境中，多年来美国 GPO 呈现出可持续发展的态势。

参 考 文 献

Davis CM, 2007. House committee hearings: Arranging witnesses. [2020-03-03]. https://archives-democrats-rules.house.gov/archives/98-304.pdf

Davis CM, 2015. House committee hearings: Preparation. [2020-03-03]. https://fas.org/sgp/crs/misc/98-488.pdf

Department of Justice and the Federal Trade Commission, 1996. Statements of antitrust enforcement in health care. [2020-03-06]. https://redevelopnj.typepad.com/healthcarelawonline/Antitrust%20Enforcement%20Policy%20in%20Health%20Care.pdf

General Accounting Office, 2002. Group purchasing organizations: Pilot study suggests large buying groups do not always offer hospitals lower prices(GAO-02-690T). [2020-01-16]. https://www.gao.gov/ assets/90/81813. pdf

Healthcare Finance, 2011. Health Industry Group Purchasing Association announces name change to Healthcare Supply Chain Association. [2020-01-16]. https://www.healthcarefinancenews.com/press-release/health-industry-group-purchasing-association-announces-name-change-healthcare-supply-c#:～:text=The%20Health%20Industry%20Group%20Purchasing,the%20benefits%20that%20group%20purchasing

Healthcare Group Purchasing Industry Initiative, 2019. Thirteenth annual report to the public. [2020-01-06]. https://hgpii.com/wp-content/uploads/2019/01/2018-HGPII-Annual-Report-final.pdf

Healthcare Group Purchasing Industry Initiative, 2020. Fourteenth annual report to the public. [2020-03-06]. https://hgpii.com/wp-content/uploads/2020/02/2020-HGPII-Annual-Report-Final.pdf

Heitshusen V, 2018. Types of committee hearings. [2020-03-10]. https://fas.org/sgp/crs/misc/98-317. pdf

Singleton MM, 2018. Group purchasing organizations: Gaming the system. J Am Phys Surg, 23: 38-42

Subcommittee on Antitrust, Competition Policy and Consumer Rights, 2004. Hospital group purchasing: How to maintain innovation and cost savings. [2020-01-16]. https://www.judiciary.senate.gov/meetings/hospital-group-purchasing-how-to-maintain-innovation-and-cost-savings

Subcommittee on Antiturst, Competition Policy and Consumer Rights, 2003. Hospital group purchasing: Has the market become more open to competition. [2020-01-16]. https://www.judiciary.senate. gov/meetings/hospital-group-purchasing-has-the-market-become-more-open-to- competition

The Journal of Healthcare Contracting, 2020. Health Industry Group Purchasing Association—Strategies and value delivered. [2020-03-10]. https://www.jhconline.com/health-industry-group-purchasing-association-strategies-and-value-delivered.html

第四章 医疗机构与GPO

第一节 医疗机构选择 GPO 的原因

医疗机构通过 GPO 购买医疗服务和医疗产品，不仅可以降低费用、节约运营成本，而且还能以较低的价格提供高质量医疗服务，以减轻患者经济压力。同时，GPO 还有以下功能：能帮助医疗机构改善供应链的管理；提醒医疗机构及时预知生产或供应中断的情况并采取补救措施；在医疗服务供应商执行供应链数据标准的过程中也发挥了重要作用，改进医疗服务供应链效率；帮助医疗服务供应商通过价值分析实现成本节约及供应链优化；通过教育培训等增值服务更好地提供医疗卫生服务，改善医疗机构运营模式；GPO 中的咨询服务团队还能够辅助医疗机构，改善运营管理。美国医疗供应链协会（Healthcare Supply Chain Association，HSCA)2019 年度报告的数据显示，GPO 每年可为美国整个医疗卫生系统节省 3410 亿美元，并预测在 2017～2026 年，每年能为美国医疗卫生系统节省费用共计 4566 亿美元。医院对 GPO 的服务满意度很高，有 98%的医院至少是一个 GPO 的会员，通过 GPO 签订供应合同。各医疗机构选择 GPO 各种服务的原因不一，但是降低成本无疑是重要的原因之一。

一、医疗机构通过 GPO 节约成本

首先，医疗机构选择 GPO 的很大一部分原因在于通过 GPO 可进行医疗产品的集中采购，获取各类产品的批量折扣，争取较低的采购价格，并且随着购买数量的增长，价格的折扣力度也会加大。GPO 报告显示，仅 2018 年，在仿制药物采购方面签约的医疗机构的有效成本节约就超过 400 万美元。医疗产品集中采购的方式不仅能够使 GPO 的会员单位用折扣价格及时获取他们需要的医疗商品和服务，而且供应商也能获得大量的订单。

其次，医疗机构也可以利用 GPO 通过减少谈判次数的方式降低运营成本。医疗卫生产品的购买过程专业性强，比一般商品更复杂，可以说是“多对多”：成千上万的供应商向成千上万的医疗机构出售药品、设备、产品及相关服务。因此，在医疗卫生产品及相关服务的购买过程中，供应商与医疗机构要经常就医疗产品

及服务的价格进行各种谈判，这无疑给医疗机构带来巨大的负担和压力。而 GPO 可以借助其与医疗机构和供应商所保持的密切合作关系减少谈判次数，从而节省交易费用，进而通过定制产品和服务合同达到双方商定的价格目标。

GPO 为协商的每个合同都提供一系列服务，包括合同开发、协商和管理，其能提供的产品几乎涵盖了医院、照护机构和其他医疗卫生机构所需的一切商品。为了防止医疗机构在不同时间点购买相同产品时出现价格差异，GPO 还提供价格跟踪和提醒服务，确保医疗服务与医疗商品供应商遵守既定合同价格，从而为医疗机构最大限度地节约成本。GPO 代表其客户进行的合同谈判每年为美国各种医疗卫生机构节省超过 20 亿美元的管理成本。如果不借助 GPO 采购，每家医院估计将需要增加 9 名全职员工，才能弥补不借助 GPO 带来的行政服务效率的下降。虽然关于 GPO 在医疗机构采购成本方面的作用目前尚没有统一发布的统计数据，但是其效果可以通过一些零散的研究有所反映：如果医疗机构取消 GPO 为其提供的各种采购服务，那么就需要再增加 115%的劳动力才能保证机构的正常运营，按照 2009 年员工薪酬价格来计算，这将产生 36.8 万美元的额外费用。因此推算，2009 年 GPO 在人力资本方面可以为美国医疗机构节省的费用超过 18 亿美元，可以说 GPO 为医疗机构节约了大量采购人力，降低了医院的人力成本；同时，随着 GPO 服务名录中医疗服务供应商数量的不断增加，GPO 可以为医疗机构节省更多的劳动力，从而减少更多的劳动力成本。

在大多数情况下，GPO 与招标选定的重点供应商谈判，不仅能直接以降低价格的形式减少供应商的交易成本，还能间接地降低医疗机构运营成本，进而降低医疗总成本。2008 年，GPO 为美国医疗卫生系统共计节省了 290 亿～640 亿美元。2007～2011 年的 5 年内，因为使用 GPO 服务，美国医疗卫生系统共计节省资金 1640 亿～3610 亿美元。在公共卫生服务支出方面，仅 2008 年使用 GPO 服务，美国医疗卫生系统减少的支出量就在 160 亿～360 亿美元。

二、医疗机构可利用 GPO 节省医疗系统及患者费用

当前，美国医疗机构与供应商和 GPO 已经形成了战略合作伙伴关系（图 4-1）。GPO 不只是简单地帮助医疗机构通过购买最经济的产品来节省大量资金，而是致力于降低整个销售和供应链的成本。得克萨斯州一个拥有 9 家医疗机构的医疗集团与 Intalere（一个 GPO）合作之后，GPO 帮助该医疗集团从降低成本及提高患者诊疗效果的角度出发，对其当前使用的所有产品进行专业性分析，提出部分产品的更换建议。该医疗集团采纳 GPO 团队提出的产品建议后，年度支出总共节省了 234 188 美元。通过与医疗机构的持续合作，GPO 会逐渐确定和理解医疗机构的需求和目标。然后，他们会与供应商合作，调整生产采购计划，以定向满足需

求。GPO 的最终目标是通过优化整个供应链管理实现节约，其不局限于单个产品的单位成本，而是拓展至医疗商品的订购、交付、库存、支付、使用和处置等全过程，甚至延伸至改进医疗卫生质量和提升患者安全的领域。GPO 通过改进供应链管理，提高了临床照护过程的效率和成本效益，从而使医疗机构取得更好的临床结果，进而为医疗卫生系统和患者节省费用。美国现存开设年代久远的疗养院之一——海湾疗养院（Hospice By The Bay）面对日益增加的成本及不断降低的政府补偿，选择大型 GPO——Intalere 帮助其进行财务改善计划。Intalere 综合考量了海湾疗养院的产品采购、各项技术、后勤管理等方面的情况，并制订了一系列改善建议，极大地降低了其成本，节省资金 130 多万美元。同时，也通过数据支持让海湾疗养院的医护人员可通过平板电脑等电子设备完成辅助医疗、辅助治疗，帮助海湾疗养院提升诊疗效率超过 50%。现如今，包括政府在内的第三方支付者都在设法降低运作成本，所以通过 GPO 所实现的效率提高和成本节约对医疗机构异常重要。

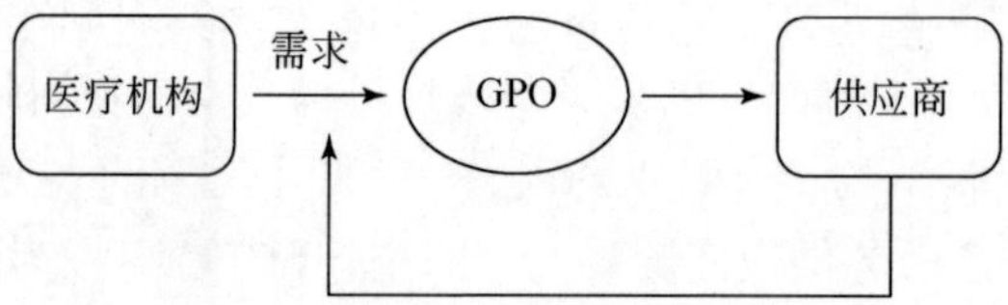

图 4-1　GPO 与医疗机构及供应商的关系

三、医疗机构可利用 GPO 的增值服务提高服务质量

开支分析和战略采购都是 GPO 提供的增值服务。在医院管理过程中，开支分析是医疗机构进行成本优化和性能比较的主要工具。根据医疗机构的支出类别分析支出数据是一项工作量繁重、技术性强的艰巨工作，开支数据包括数以千计的产品，品类涵盖不同供应商的不同支出类别，开支数据的整理与分析对于保证合同的严格执行至关重要，而且现代管理对开支分析的专业技术性要求越来越强，需要具备数据建模、可视化工具和产品消费分配方面的专业知识和工具。目前，GPO 为适应发展需要，往往会为医疗机构提供这种基于数据驱动的成本分析，帮助医疗机构进行成本优化和性能比较分析。除此之外，GPO 还提供基于产品价值分析的海量数据采集与分析服务，该服务不仅可以帮助改善患者的治疗效果、提高医疗服务质量，还可以为卫生系统节省资金提供信息。围术期心血管中心（the perioperative heart and vascular center）通过与 Vizient（一个 GPO）合作，受益于 GPO 的订单管理软件、价值分析流程等服务，3 年内节省了 1000 多万美元。田纳西州的一家药房组织（pharmacy group）使用了 Health Trust（一个 GPO）的数据

分析服务后，提高了在静脉注射抗生素的同时改善剂量的准确性。HealthTrust 推荐使用产品的成本仅为原产品的 41%，在实现成本节约的同时，也可以节省静脉注射用品和配药时间。据患者反映，由于与护士沟通的时间更长，以及不需要静脉输液架，他们的治疗体验得以改善。

一方面，医疗机构在执行供应链数据标准化的过程中，利用 GPO 改进了医疗服务供应链。美国几乎所有的 GPO 都积极倡导采用国际物品编码协会（globe standard 1，GS1）的标准，在医疗卫生服务供应链中实现和使用全球位置码（global location number，GLN），一是为了避免配送错误、精确分层定价，二是为了减少订单发票对账流程，提高订单操作的效率，从而改进医疗服务的供应链系统流程。通过降低供应链流程中的错误率，医疗机构可以将更多的时间、精力集中于医疗卫生服务，提高业务水平和能力。

美国、欧盟都对医疗器械采用器械唯一标识（unique device identification，UDI）。UDI 是医疗器械供应链中的唯一“身份证”，有利于提高供应链透明度和运作效率、降低运营成本，还有利于不良事件的监控和问题产品的召回，从而提高医疗服务质量，提升患者安全水平。

另一方面，当供应商处发生生产和供应中断的情况时，医疗机构很难在短时间内及时收到来自供应商的生产或供应中断的相关信息。这时，医疗机构可以通过 GPO 的监测和预警服务获知药品短缺和医疗产品安全召回等情况的通报，从而可以采取紧急补救措施，如通过其他供应商寻找替代产品。对于医疗用品的生产企业而言，GPO 的这项服务是促进生产转型的动力，为了减少产品召回和安全隐患带来的利益损失，生产企业必须完善质量管理体系，保证产品的有效性和安全性。医疗机构除了可以通过 GPO 及时找到关键医疗用品的替代品，获得医疗用品潜在短缺情况的信息外，还可以利用 GPO 合同保障自身权益。GPO 合同中也包含了不少供货条款的规定，在此规定的约束下，供应商必须在产品短缺时向医疗机构履行合同价格，这可以保证医疗机构不会在货源短缺或价格上涨的情况下被收取过高的费用。

除此之外，医疗机构还可以利用 GPO 增值服务中的培训服务更好地为患者提供医疗服务。例如，GPO 为会员医疗机构提供各种培训，致力于推广最佳服务和预测当前医疗服务市场发展趋势。可利用 GPO 对护理人员、临床医生和供应链人员进行新技术方面的培训，更好地向患者提供医疗服务并改善医疗机构的运营状况。例如，库存控制、电子商务解决方案、产品标准化、技术采用，这些对医疗机构来说都是非常重要的增值服务。2014 年，美国对医院物资管理人员的调查显示，医疗机构对 GPO 的临床改进服务、咨询服务和临床专业知识满意度明显提高。2019 年，Henry Mayo（一个医疗集团）与 Premier（一个 GPO）合作，建立以提高安全性、保证质量、节约成本、建立医师主导的组织、改善医疗服务、提高服务效率和诊疗效果、长期可持续发展为主要目标的临床医生协作网络（clinically integrated network），之后着手建立医疗机构质量效率计划，利用 Premier 的数据采集与分析服务作为基础，改善 Mayo 集团的医疗服务。仅在实施计划的第一年，便通过减少患者住院时间为医疗机构节省了 300 万美元。

医疗机构还可以通过 GPO 的咨询服务团队改善运营管理。咨询服务团队能够帮助医疗机构解决战略成本管理和运营效率中出现的问题，同时这也是提高医疗服务质量和患者满意度的保证。医疗机构利用 GPO 提供的咨询服务团队及其技术化工具，收集整理医疗服务的最佳实践数据，并对数据进行可视化分析，以实现供应链运营结果的改善。例如，HealthTrust 作为一个成功的大型 GPO，其在运营中的特色之一就是它的咨询服务团队。HealthTrust 咨询服务团队在支出分析、供应链管理、药房运营、外科服务、价值分析、管理人员配置、收入周期管理、技术和共享服务领域管理方面具有较强的优势，其在与医疗机构的合作过程中将兼顾患者与临床医生的需求作为服务宗旨。

随着 GPO 的不断发展，GPO 提供的增值服务还增加了信息共享、定制合同、数据分析、支出分析、电子商务、优化医药供应链、长期照护、教育及培训、战略性咨询服务及托管服务，并逐渐走上品牌化的发展道路，如 HealthTrust、Workforce Solutions、InSight Advisory 等组织，在下文还会详细介绍。

第二节　医疗机构选择 GPO 的方法

医疗机构的采购需求会显示在医院官方网站上的招标采购信息栏中，这些采购对医院的人力和商品信息审核能力要求较高，并且增加了额外的经营成本、人力成本和时间成本。如果医疗机构通过 GPO 作为中介组织，围绕医疗机构的需求采购，即使医疗机构无专门采购人员也能完成采购，不仅节省费用，而且医院管理者也可以摆脱复杂的采购事务，还能节约经营成本支出，因此医疗机构选择合适的 GPO 或者同时与多家 GPO 合作，借助 GPO 组合完成“按需采购”对于医疗机构来说非常重要。

在美国医改持续推进的大背景下，医疗机构正围绕着费用控制、提高效率、提升安全开展系列改革。在市场的作用下，医疗机构、GPO、供应商三方相互依赖，又相互制衡，在控费作用的同时，也促进医药流通效率的提升，医疗机构作为医疗服务提供的主体，利用 GPO 与供应商沟通协商，降低了医疗机构的采购费用与经营成本，同时保证产品供应的质量和及时性。选择可信赖、功能强大的 GPO 是医疗机构确保医疗设备、供应产品、处方药和服务的可及性和可靠性的重要手段，医院管理人员可以借助 GPO 提供的各种专业性服务提高医院的运营效率，以满足医院管理中质量改进、临床结果分析、数据统计、决策支持等要求。

一、医疗机构选择 GPO 时一般的考量因素

医疗机构选择 GPO 时，会从 GPO 的组织形式、服务范围、产品的可用性、供应链的可靠性，以及药物经济学评价、健康技术评估等经济适用性视角出发，并结合医疗机构特点综合考虑，遴选合适的 GPO 并加入（图 4-2）。除了医院外，其他卫生服务机构会结合自身特点与特异性需求选择适合自己的 GPO 加入，成为其会员单位。例如，日间手术中心（ambulatory surgery center，ASC）在选择 GPO 时会优先考虑特定合同、效率和合法性因素；长期照护机构会将定制合同及产品组合的丰富性作为首要标准；家庭健康照护机构会着重考虑 GPO 在家庭照护方面的服务能力及 GPO 所招聘的医护人员在全科医疗方面的能力等；医师诊疗所会考虑全科实践顾问能力、临床思维能力建设与提升等因素；国家所有制的医疗机构则会重点考虑 GPO 产品价格和电子健康记录（electronic health record，EHR）服务能力等因素。

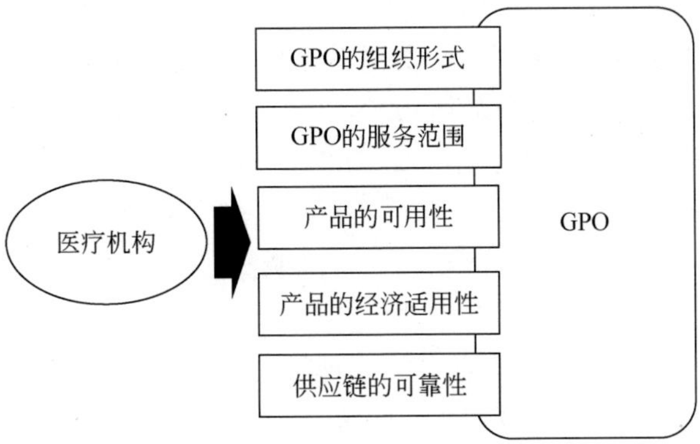

图 4-2　医疗机构选择 GPO 时考量的因素

（一）医疗机构将 GPO 组织形式作为选择标准

在美国，可供医疗机构选择合作的 GPO 按照组织形式与所有制结构，可分为自由 GPO 和整合医疗网络（integrated delivery network，IDN）两种类型。GPO 主要通过集中各种医疗机构的采购需求，根据医疗机构的购买意愿合同，利用购买量大的优势来与供应商进行谈判，增加对供应商的议价能力，从而为医疗机构争取更大的价格折扣。而 IDN 作为近年出现的新事物，整合了多家单体医疗机构，形成医疗机构联盟，通过延伸医疗机构医疗卫生服务覆盖范围降低医疗的服务成

本。IDN 作为整合了多家医疗机构的大型整合医疗服务网，本身也具备大量医疗卫生产品与服务的采购需求，具有与供应商谈判议价的能力，从这一点来说，其也具备 GPO 的功能，是 GPO 的一种。无论哪种类型的 GPO，均可为医疗机构提供采购服务，避免医疗机构与供应商进行直接的协商与谈判，节省了大量人力与物力。

医疗机构在遴选可能与之合作的 GPO 时之所以会将所有制结构作为重要标准。一方面是因为有些医疗机构本身就是 IDN 成员，接受 IDN 的中介采购服务顺理成章，但是这不排除其同时接受其他 GPO 的服务。另一方面是因为自由 GPO 与 IDN 本身的集团采购业务相比，往往有其独特优势：第一，GPO 通过比较各个供应商的产品和服务的价格选择最适宜的产品组合，可以获得比 IDN 自行谈判更加优惠的价格；第二，医疗机构可享受丰富且专业的增值服务，如产品标准化、定制合同、数据分析、支出分析等，从而享受 GPO 提供的更优质的采购增值服务；第三，一些 GPO 在地区性签约服务方面具有特殊的灵活性和全面性，可以为医疗机构派遣专业性的商业谈判队伍，就产品遴选、采购标准提出专业性意见。

（二）医疗机构将 GPO 服务范围作为选择标准

越来越多的医疗机构选择加入 GPO，且平均每家医疗机构会与 2～4 家 GPO 合作。但是 GPO 数量大、种类多，其商业运营模式各不相同，经营范围和提供的服务也不尽相同，医疗机构在选择 GPO 时会综合考虑 GPO 的规模、服务范围等因素。GPO 按照规模大小可分为大型 GPO 和小型 GPO，按照服务提供范围可分为全国性 GPO 和区域性 GPO。全国性 GPO 在全国范围内为医疗机构提供多元化的采购服务，而区域性 GPO 则侧重为一定区域内的医疗机构提供独具价值的商品采购与服务。本质上，区域性 GPO 通过购买更具本地优势的产品和服务来节省更多资金，是对全国性 GPO 的有益补充。通过对不同类型 GPO 进行交叉比较，并结合医疗行业的专业性和不可替代性的特点，医疗机构在选择 GPO 的时候，核心标准侧重于风险难度系数较高且专业性强的新药研发、医疗器械和医疗服务供给这三方面。大型综合型医疗机构普遍会选择大型 GPO，因为他们的服务范围广，有能力充分了解市场，具有权威的行业经验，可以有效降低医疗经营成本，产品和供应链也更加安全稳定。而服务于社区的基层医疗机构则因为不需要过多的扩展增值服务，更偏向于选择服务范围适中的 GPO。

1. 大型 GPO 的服务范围广，提供的服务多元化，具备更强的采购能力 医疗机构需求多元化的特点决定了医疗机构的采购范围遍及全国甚至全世界，而且除了一般性采购以外，医疗机构还需要各种其他方面的保障与服务。例如，重要患者的管理和成本控制、商品和服务的安全性及性价比提升、医院管理辅助软件系统，以及可以满足大型医疗机构成本管理的信息与服务等，在满足这些医疗机构的上述需要方面，大型的 GPO 具有更多优势，医院可以据此遴选合适的大型 GPO 与之合作。大型 GPO 旗下一般都会有大量签约的供应商资源，他们也在长期经营过程中对经营商有更为详细的了解，这些都可以作为医疗机构选择 GPO 的重要依据。

2. 小型 GPO 的服务采购能力相对较弱，但更具针对性，可提供小而精的服务　医疗机构如果只需要 GPO 提供区域性市场状况和廉价的采购服务，那么小型的 GPO 更具竞争优势。

当前在美国小型 GPO 也日益活跃，他们主要为细分的医疗产品和服务市场提供更为精准的服务。例如，提供某些医疗机构的医师偏好的医疗产品，在当前医疗技术越来越趋向于“高精尖”和仪器设备愈加“精密化”的形势下，小型 GPO 往往能针对医疗机构的不同偏好和自身所掌握的细分化、个性化产品信息为会员医疗机构提供针对性服务和产品，也能发挥“船小好调头”的优势，根据会员医疗机构购买需求意向的变化调整其产品和服务。

美国 GPO 的数量众多，市场集中程度高，并不断进行整合，小型 GPO 提供的是小范围医疗市场行情和低成本采购服务，附加服务相较于大型 GPO 也更为单一；很多小型 GPO 依托在大型 GPO 母公司提供的合同条款下开展业务，存在被大型 GPO 不断兼并的可能性。例如，Tempest Med 是 Intalere 的全资子公司，在长期照护行业中的多年经验使 Tempest Med 能够迅速把握会员医疗机构日常工作的独特需求和不断变化的市场环境，从而为会员医疗机构提供针对性强的整体解决方案：从成本最小化管理到最大限度地提高盈利能力，并提供照护质量提升策略建议。

小型 GPO 的业务一般主要围绕着“订单量”开展，如提供采购的数量、采购物品的种类、供应商所提供产品的质量等相关方面的服务。如果产品质量不合格，GPO 会与供应商协商退换货，一般来说，小型 GPO 并不具备推动供应商进行系统性改进及整体化问题解决的能力。而大型 GPO 的业务多围绕着供应商开展，通过评价、筛选和管理供应商，促进 GPO 为会员医疗机构提供高水平服务。当产品出现问题时，大型 GPO 可以代表会员医疗机构与供应商协商解决，在保障医疗机构购买的产品与服务质量的同时，降低总体成本。

HealthTrust 在 2016 年成为 AllSpire 唯一地区 GPO 合作伙伴

AllSpire Health Partners（简称 AllSpire）在 2016 年 7 月 1 日选定 HealthTrust 作为其唯一的地区性 GPO，协助其推动当地医疗机构发展，提供最佳服务并创造最大价值。AllSpire 的主席 Brian 表示与 HealthTrust 的合作将为组织内所有医疗机构带来很大收益。HealthTrust 的地区性规模及核心产品组合与AllSpire 所在地区的市场份额结合后，将为 AllSpire 的医疗机构带来多方面收益。

AllSpire 在选择 GPO 时，首先立足于自身因素，在规模上，AllSpire 作为美国东北地区极具规模的医疗机构联盟，卫生服务范围很广，其服务人群辐射美国东北部的大部分地区。其次考虑组织自身需求，AllSpire 作为联盟医疗机构，所需产品数量大、品种多，因此在选择 GPO 时，就要以临床服务改善计划开发为目的，着重评估 GPO 的产品组合，为集团内的医疗机构争取最大利益。AllSpire 认为自身具备的地区性市场份额优势与大型 GPO 的规模优势最为契合，因此选择规模大、产品多元化、具备众多增值服务的大型 GPO 是其首要原则。备选 GPO 还需要经过 AllSpire 组织内部委员会的进一步评估。最后，HealthTrust 的核心服务与地区性规模优势使其成为 AllSpire 的唯一地区 GPO 合作伙伴。

（三）医疗机构通常通过比较采购产品的可用性选择适合的 GPO

医疗机构越来越多地依靠 GPO 的采购服务，在选择 GPO 和 GPO 所提供的产品时，医院通常还会考虑以下几个因素，如 GPO 所提供产品的可用性、供应商供应链的可靠性及经济实用性。

在过去 20 年里，医疗机构内医疗设备的购买越来越依赖于 GPO，小到生理盐水，大到心脏除颤仪，往往都通过 GPO 与供应商的谈判后签订合同。大多数医疗机构会使用“价值分析委员会”（由医生、护士和其他临床医生组成的委员会）进一步审查和评估 GPO 合同中的产品或服务，并筛选所需服务。美国 GPO 会根据会员医疗机构的购买意愿集合订单，然后与供应商谈判价格，这样既可以保证药品的临床疗效，尊重临床医生的用药习惯，还可以兼顾价格因素。不同的医疗机构往往会对 GPO 所能提供的各种药品、手术耗材等在投入使用后实际的效能、设备或系统的可靠性、可维护性提出要求，并在不同 GPO 之间进行权衡和比较。这些也成为医疗机构选择 GPO 的重要影响因素。此外，GPO 所提供产品的质量、实用性、普适性，以及医疗机构和患者在使用产品过程中的主观满意度和接受程度，也成为医疗机构选择 GPO 的重要标准。

（四）供应链的可靠性也是医疗机构选择 GPO 的重要标准

供应商的产品开发和管理能力在整个采购体系中的地位极其重要。医疗市场与一般商品市场相比具有专业性强的特点，因此，供应链的稳定性、可靠性不容忽视。GPO 旗下供应商的可靠性也成为医疗机构遴选 GPO 的重要标准。

在集团采购模式下，GPO 寻找合适供应商需先审核供应商的资格，以确保供应商的品质。但价格并不是 GPO 选择供应商的唯一指标。在决策过程中，GPO 往往还要确保与医疗机构的利益统一。促使 GPO 将某供应商的产品纳入采购名录并做出最终决定的因素包括服务、商业信誉及总体质量评价的可靠性等。另外，供应商必须达到一定的生产规模才能具有实现规模效益、降低成本、提供低价高质产品的可能。与此同时，实力雄厚的供应商也更愿意寻求采购量稳定、资源可靠、综合能力强的 GPO 进行合作。

例如，Novation 是美国大型的 GPO 之一，它持续关注医疗卫生市场行情的变化，当市场上出现质量或成本效果更好的产品或服务，或者出现实质性创新技术，并且会员医院希望使用这些产品和服务的时候，Novation 就会考虑重新招标或者直接允许更好的产品进入自己的采购名目，从而为会员单位提供更加优质的产品和服务。同时，正是因为这样的服务提供能力，使其会员医院较为稳定，继而成就 Novation 发展为全美具有影响力的大型 GPO 之一。

（五）药物经济学方面的考量也成为医疗机构选择 GPO 的重要标准

美国医疗机构在采购过程中普遍注重经济实用性。药品的选择与医疗保险、医疗制度等相关联。此外，药品的价格、剂量、成效及其安全性均被纳入采购考量范围，药品的价格低、质量优良、见效快、所用剂量小是优先考虑因素。GPO 会针对医疗机构所选择的购买药品意愿收集有效的市场信息，增强信息的对称性，进一步保证药品遴选标准的合理性。

借助 GPO 的专业化采购服务，医疗机构可以将主要精力集中于提供医疗卫生服务，不必在复杂的物品采购中耗费精力，减少了人力、财力、物力方面的负担。GPO 聚集大量医疗机构的购买需求，利用组织内部成员的集体购买力，通过“带量议价”从供应商处获得折扣的方法来帮助 GPO 会员医院寻求更低的购买价格。医疗机构的规模、等级及采购服务意愿的变化使得其对 GPO 的选择也不断变化。GPO 的组织形式、服务范围等因素都影响医疗机构选择 GPO 的结果。与合适的 GPO 合作对减轻因医疗费用增长过快带来的运营压力有重要帮助，会使医疗机构获得更大的经营自主权，加强医疗机构自主控费的意识，帮助医疗机构改善运营模式，降低经营成本，最终让患者获益。

二、美国不同类型的医疗卫生机构对于 GPO 的选择

美国的医疗卫生服务机构按照不同的标准有不同的分类方式，按照其提供的服务内容、服务提供方式等综合因素，可以将其归类为常见的医院、日间手术中心、医师诊疗所、长期照护机构、家庭健康照护机构。医院又可分为公立医院、

私立医院、综合型医院、专科型医院。总之，不同类型的医疗卫生服务机构在选择与 GPO 进行合作的过程中会有基于机构本身特性的不同考量（表 4-1）。

表 4-1 不同类型医疗机构选择 GPO 时重点考虑的因素

机构类型	选择 GPO 时重点考虑的因素
公立医院	价格、电子健康记录建设与维护方面的服务能力
非公立医院	组织形式、服务范围、产品的可用性、供应链的可靠性及特别产品（如药品的经济适用性）
日间手术中心	特定合同、效率和合法性
医师诊疗所	医疗实践顾问服务、临床思维能力提升教育培训
长期照护机构	定制合同、多样化的产品组合
家庭健康照护机构	人员招聘能力

（一）医院

一般来说，公立医院会选择价格低和电子健康记录运行能力强的 GPO。例如，美国退伍军人卫生管理局医疗卫生系统、医疗保险和联邦雇员医疗福利项目，因为服务人数众多，所以低价具有更大的吸引力。此外，电子健康记录的稳定性也尤为重要，美国退伍军人卫生管理局等公立医疗机构（政府运营的医疗服务提供机构）的有效运行需要借助功能卓越的信息化平台，在电子健康记录方面有优势的 GPO 成为公立医疗服务机构选择 GPO 的首要考量。

综合型医院和专科型医院在选择 GPO 的时候，侧重点也不尽相同。在当前市场环境下，无论是从人力资源方面考虑，还是从其他各种资源配置的投入 产出效益角度衡量，加入 GPO 都是不错的选择。但是综合型医院与专科型医院在其服务提供上存在显著差异，因此选择 GPO 的侧重点与偏好也有所区别。不同类型的医疗机构会根据其提供医疗服务的实际需求，选择适宜的 GPO。

综合型医院服务多样化、就医人群种类复杂、采购量庞大等因素决定其会综合考虑服务多元化、产品供应充足、稳定性强、经济性好的 GPO 作为合作伙伴，并与之建立长期的合作关系。大型 GPO 提供的服务项目较为全面，除了提供一般性服务外，还能为医疗机构提供信息分析等系列增值服务，这也成为吸引综合型医院的重要因素。有些综合型医院虽然是 IDN 的成员，IDN 本身具有 GPO 的集中采购功能，但 IDN 采购服务往往局限在一定区域内，因此很多综合型医院还是会选择其他 GPO 作为补充。

相对于综合型医院，专科型医院的服务半径、服务人群较窄，相对较为“专一化”，在满足经济性这一条件后，其他方面的要求可退而求其次，但是专科型医院会特别关注对其可持续发展有决定性作用的人才培养与继续教育、成本分析与盈利能力评估等增值服务，并将此作为衡量 GPO 的重要标准。

在衡量 GPO 的一般服务方面，专科型医院更多是从产品可靠性及经济性的角度出发。有时候，某些小型 GPO 所提供的小范围、个性化服务即可满足这些专科型医院的需求，此时那些医疗机构大型 GPO 并没有压倒性优势。相反，小型 GPO 可以根据专科型医院的服务特色提供定制类产品并开发相应的增值服务，如长期照护或数据分析等，这使小型 GPO 在赢得专科型医院会员方面更具有竞争优势。

无论是综合型医院还是专科型医院，大多数的医疗机构认为参与 GPO 能够增强其议价能力并且在很大程度上可以提高效率。医疗机构在选择 GPO 的过程中，除了会将上述提到的各种标准作为其决策的主要参考因素外，还会受到人事变动、领导者偏好，甚至人际关系等人为因素的影响。

约翰·霍普金斯医疗集团转会 Vizient 引发的风波

2019 年，约翰·霍普金斯医疗集团（Johns Hopkins Health System Corp）由 Premier 转会 Vizient，看似普通的业务决定却引发了全美两家大型 GPO 之间的“口水战”。约翰·霍普金斯医疗集团总部位于巴尔的摩，2018 年营业收入高达 66 亿美元，因此它是哪一家 GPO 的会员单位都将为所属 GPO 带来巨大的业务增量。在转会 Vizient 前，约翰·霍普金斯集团曾经是 Premier 的 5 年期会员，Premier 与 Vizient 都是全美大型的 GPO，双方的业务竞争很激烈。

2018 年 2 月 1 日，Kevin Sowers 正式升任约翰·霍普金斯医疗集团的总裁，他还是约翰·霍普金斯医药公司的执行副总裁。一年后，约翰·霍普金斯医疗集团由 Premier 转会 Vizent。

Premier 发言人 Amanda Forster 在一份声明中写道，自 2014 年以来，Premier 已从 Vizient 赢得了近 30 个客户，这些客户代表了 100 家机构。她说，“就约翰·霍普金斯医疗集团而言，该系统最近经历了领导层变更，新任命了一位担任 Vizient 董事会成员的总裁”。“鉴于这种动态，他们重新选择 GPO 的决定并非完全出乎意料，也不会对 Premier 的预期业绩产生实质性影响”。

约翰斯·霍普金斯大学的发言人 Kim Hoppe 随即通过电子邮件澄清：担任 Vizient 董事会成员没有薪酬，而且 Sowers 出任约翰·霍普金斯医疗集团总裁后就曾透露了这一层关系，并没有刻意隐瞒。约翰·霍普金斯医疗集团是借助第三方顾问选择 GPO，而转会 Vizient 经内部委员会共同商议，最终决定由约翰·霍普金斯医疗集团首席执行官 Paul Rothman 博士做出，Sowers 总裁并没有参与其中。

> Vizient 的发言人 Angie Boliver 也通过邮件策应道：GPO 会员始终可以自由选择最能满足其需求的合作伙伴，Sowers 总裁向 Vizient 董事会及约翰·霍普金斯医疗集团充分披露了潜在的利益冲突。能被像约翰·霍普金斯这样享负盛名的机构选中感到非常自豪。Vizient 从未给其董事会成员报酬。相比之下，Premier 为这项工作付出了可观的报酬，并举例说明 Banner Health 的首席执行官 Peter Fine 因担任 Premier 董事一职而获得了 221 000 美元。Adventist Health 的 Scott Reiner 因在董事会任职而获得的总薪酬为 191 750 美元。另外，她还披露，在加入约翰·霍普金斯医疗集团之前，Sowers 总裁曾经在杜克大学医疗系统工作了 32 年，担任过杜克大学医院的首席执行官。而杜克大学医院参与了 Vizient 的临床服务项目，但未使用 Vizient 的 GPO 服务。
>
> Orlikoff & Associates 医疗卫生管理咨询公司的总裁 Jamie Orlikoff 表示，新领导进入组织，评估他们与供应商的关系并提出更改建议的情况并不少见。目前尚不清楚这种情况是否发生在约翰·霍普金斯医疗集团这起案例中。他补充说："这也是高管特权的一部分。"

（二）日间手术中心

日间手术中心（ASC）和 GPO 之间通常是互惠互利的关系。日间手术中心筛选 GPO 主要是根据以下几个因素：GPO 的合同，以及 GPO 的效率和合法性。佛罗里达州代托纳比奇大西洋手术中心负责人 Shirley Hines 认为，在决定加盟哪些 GPO 的时候，起重要作用的是 GPO 有哪些供应商，因为这些供应商才是真正的专业产品供货方。例如，所在的 ASC 有泌尿科，则需要寻找与泌尿科产品公司有大量合同关系的 GPO 合作。如果 ASC 需要的专业产品的数量很大，GPO 可以以更低的价格提供，比 ASC 直接与卖方或产品供应商进行交易的价格低，可以带来更大的效益。除了要求 GPO 产品与 ASC 中的有关专业相匹配外，效率和合法性也是考量的主要因素。与低效的 GPO 合作可能浪费时间，这将对手术中心的运作产生不利影响，因此与高效的 GPO 合作异常重要。此外，在选择加入哪家 GPO 前，其组织的合法性需要事先查明，以减少不必要的麻烦，否则会影响日间手术中心的运营。

（三）医师诊疗所

医师诊疗所（physician offices）是由专业医务人员（如全科医生或护士）提供的辅助性、诊断性和维护性医疗照护服务，可能与急诊医疗机构的服务有部分重叠，如年度健康评估、预防保健、慢性病、轻伤、感染和疾病的监测等方面，其在选择 GPO 时较为看重 GPO 的临床思维培训能力及临床实践顾问能力。临床思维建设能力指的是 GPO 具备多学科专家团队协助诊所卫生服务人员提升临床诊疗相关的批判性思维能力，可为临床医师提高诊疗能力提供实用的日常解决方案并为诊所管理提供长期的战略管理策略。

（四）长期照护机构

长期照护机构（long-term care facilities）则更看重 GPO 独家定制合同的优势及产品组合的丰富性。他们会选定那些与长期照护机构所提供服务相关产品的顶级制造商和供应商签订了优先合同的 GPO，由于经常合作使得该类 GPO 可以显著降低数量庞大的长期照护用品组合的成本，为长期照护机构带来极大的效益。另外，长期照护机构医疗用品日常耗费量大、品种多，从药物、医疗设备到个人防护设备（personal protective equipment，PPE）无所不包，口罩、护理磨砂膏等需求量很大，故有丰富充足的产品组合合同签订能力的 GPO 易受到长期照护机构的青睐。

（五）家庭健康照护机构

家庭健康照护机构（home health agencies）会格外看重卫生人力招聘服务能力强、质量高的 GPO。“家庭保健与照护”是指在患者家中提供的医疗服务，包括由熟练的医疗专业人员提供的一系列治疗与护理服务。提供家庭保健服务的人员包括家庭医生、熟练的护理人员，以及能提供物理疗法、替代疗法、心理治疗等服务的有资质的社工和具备执业资质的护士助理等。家庭健康照护机构对员工素质和执业资质的要求很高，GPO 可帮助这类机构招聘人员，并控制审核标准，确保招聘到充足的合格人员，GPO 这方面的服务能力会为家庭健康照护机构节省人员招聘时间，并确保招聘候选人员的卫生服务能力与水平。

第三节　各类医疗机构主要选择的服务类型

医疗机构借助 GPO，通过提高采购量与供应商进行价格协商，以此达到节省费用并提高效率的目的。在美国，96%～98%的医疗机构是一家或几家 GPO 的会员。医疗机构通过 GPO 完成的采购服务主要分为两大类：一类是传统的一般性服务，主要指医药及医用物品采购，包括药品、医疗器械、耗材、办公用品、膳食等医院日常用品，这类服务是 GPO 最早提供给医疗服务机构的传统服务，至今仍然是其主要业务内容；另外一类是增值服务，包括信息共享、电子商务、定制合同、数据分析等多样化的服务，这类服务目前是诸多 GPO 竞争医疗机构客户的重点，虽然是从传统性服务逐渐衍生出来的，但是增长趋势明显，而且各 GPO 为了凸显自己的增值服务价值与优势，有将增值服务品牌化的趋势。

一、传统服务

GPO 产生之初的理念是通过持续、大量购买一次性产品（如注射器、导管和药品）为小型医疗机构、诊所和个人诊所提高市场议价能力。从那时起，GPO 就改变了向医疗机构和诊所供应医疗产品的方式。当时的医疗机构主要需要 GPO 提供药品、医疗器械、耗材、办公用品和膳食等方面的采购服务。随着 GPO 的发展，其业务服务范围不断拓宽，但是一般服务或者说是传统服务仍然是 GPO 所提供的主要服务内容，也可以说其是 GPO 的“核心服务”。

（一）药品采购服务

药品是医疗机构通过 GPO 采购的大宗商品之一，药品采购（drug purchase）服务是 GPO 通过集中一定数量医疗机构的同类用药，提高整体采购量，获得与药品供应商议价能力的服务模式。GPO 药品采购目录以常用低价药、妇儿专科药、急诊急救药及市场供应短缺药等保障类药品为主。医疗机构成为 GPO 的会员单位后，就能以 GPO 与供应商的协议价格完成大批量的药品采购，这个价格往往较低，能大幅降低医疗机构在药品方面的成本。尤其对于研发和生产成本比较固定的药品市场来说，医疗机构通过 GPO 提高购买数量，供应商就会给予较大的价格折扣优惠。医疗机构通过 GPO 采购药品的过程大致如下：药品生产商向 GPO 提供参考价格，GPO 根据多家会员医疗机构集合的相对较大的购买量和生产商谈判价格，并签订采购协议，医疗机构通过该 GPO 的采购协议价格直接向生产商购买其所需药品，由供应商直接组织物流配送服务，将采购商品送至医院。

（二）医疗器械采购服务

医疗器械（medical equipment）是指直接或间接用于人体的仪器、设备、器具、体外诊断试剂及校准物、材料，以及其他类似或相关的物品，包括所需要的计算机软件。医疗器械的购买费用已经成为医疗机构支出份额中除员工薪酬外最大的支出，约占医院支出总额的 20%。对于医疗机构而言，GPO 在医疗器械采购（medical equipment procurement）方面提供的服务一般是 GPO 运用专业化操作且分工明确的服务，这样可压缩医疗器械采购中间环节，让医疗机构不必花费大量的时间精力在烦琐的采购事务中，提高采购效率，降低产品价格和交易成本，最终降低医院运营成本。除此之外，医疗机构通过 GPO 的批量采购模式可以大量减少采购人员。一个GPO组织仅在管理采购人员方面就可以为每家医院节省60万～80万美金。对于大型的医疗机构来说，采购医院正常运行所需要的诊断、治疗、成像等器械设备，医院至少需要和供应商签订 150～200 张订单，医疗机构加入GPO 后仅需 1 张订单即可完成所有医疗器械的采购。

（三）医用耗材采购服务

医用耗材（medical supplies）使用频繁、消耗量大。医用耗材既包括一次性输液器、一次性注射器、医用棉球、缝合线等低值易耗品，也包括介入支架、起搏器、人工晶体、骨科材料等植入类高值医用耗材，此外还有止血钳、手术刀、手术剪、手术镊等医疗器械。GPO 成立之初的目的就是汇集小型医疗机构医用耗材采购量，以提高医疗机构在与供应商洽谈时“带量采购”的市场议价能力，同时从供应商处得到更多的售后服务。像 HealthTrust 这样的 GPO，会将多年积累的商品采购专业知识和开发的评价工具用于制订医疗机构耗材采购决策，在血液制品、废物处理、药物洗脱支架和整形外科植入物等高成本领域，帮助医疗机构改变既有医用耗材购买习惯，调整产品组合，降低成本。

（四）办公用品采购服务

医疗机构办公用品采购（office supplies procurement）是指医疗机构日常工作所使用的辅助用品的购买，办公用品种类非常广泛，包括文件档案用品、办公设备等。在管理诸如办公设备或安全用品等较低战略性级别的产品时，GPO 会选择将办公用品和其他产品结合，采取将不同厂商的产品组合的方法，这样会员医疗机构可以获得额外折扣，降低购买成本。

（五）膳食采购服务

一般来说，美国医疗机构 80%～90%的餐饮服务采购均是通过 GPO 实现的。GPO 的膳食采购服务（dietary procurement）能够帮助医院大量采购分类、包装、处理好的、品质稳定的产品。但是，与医院所购买的其他类产品相比，食品类采购在 GPO 总体合同中所占比例相对较小。与药品和医疗用品等类别相比，餐饮服务通常占合同总额的比例不足 6%。之所以占比较低，可能是因为食品服务部门受到医院行政管理的审查较少，购买具有较强的灵活性。

二、增值服务

医疗机构除了通过 GPO 采购传统服务产品外，还会通过 GPO 采购各种增值服务。这种增值服务是 GPO 利用采购过程中所积累的大量信息，经过收集、整理、分析后使之由无序变为有序，从而获得的额外的、意想不到的信息。此外，通过数据挖掘对信息价值进行评定，不仅可以达到去粗（取精）、去伪（存真）、辨新、加权、评价、荐优的目的，还可以在分析已知信息内容的基础上，获取未知信息或对未来发展趋势进行预测。

作为 GPO 的会员，医疗机构会获得 GPO 提供的增值服务，这些增值服务一方面可以在医疗机构科学管理中发挥参谋和智囊的辅助决策作用，在医疗服务市场开拓中起保障和导向作用，另一方面也可以在医疗服务市场动态跟踪与监测中起预警作用。不同的医疗机构因类别、规模、服务群体不同，往往会选择不同类别的增值服务。例如，某些大型的综合型和专科型医院选择信息共享、数据分析等增值服务，以全面分析医院管理中积累的各种数据信息，降低成本，提高管理效能，增加效益。某些社区卫生服务机构会选择长期照护、托管服务等与自身服务领域相契合的增值服务，用规模化的订单和专业化的服务实现医疗机构效益最大化。总之，不同的医疗机构会根据自身的特点和需要向 GPO 订购不同类别的增值服务。

（一）选择信息共享服务以辅助医疗机构决策

信息共享（information sharing）是指 GPO 在为医疗机构提供产品和服务的同时也无形中担任了信息记录者的角色。因此，大多数医院就可以使用 GPO 共享的价格信息作为进一步谈判的基准。首先，GPO 会收集、分析采购过程中产生的各种信息，并通过数据统计报告向医院提供基于市场水平的基准价格分析，以供医院作为价格谈判基准。利用 GPO 提供的价格信息，医院还能降低产品购买价格的不确定性。因此可以说，GPO 作为信息中介，它充当聚合医疗机构需求的角色较少，主要扮演医疗机构（定价）信息提供者。其次，GPO 可以改善医疗机构与供应商之间信息不完全、不对称的弊端，通过综合每家医疗机构的零散信息，了解医疗机构需求，协调医疗机构与供应商之间的供需关系，改善由于供需不匹配致供应商过度生产而造成的浪费及供应链系统效率低下等问题。因此，信息共享的重要性愈加凸显。GPO 在这方面做了大量尝试，如建立网络平台，供应商可以宣传产品，发布新产品和新技术信息。

（二）选择定制合同服务以满足个性化需求

GPO 根据医疗机构对产品的各种需求，为医疗机构和供应商提供谈判价格。对于一些大型医院和 IDN，GPO 的合同价格提供了一个初始的议价点，有助于定制合同（custom contracting）的有效实施。定制合同拟定的基础是海量收集、整理，分析产品供应、使用模式、成本、竞争对手的产品等方面的各种数据。GPO

具有专业数据分析能力，并可根据分析结果形成定制合同，如果没有 GPO 在中间运作，小供应商会失去议价能力和定制合同签订的机会。另外，GPO 还起到约束医疗机构履行合同的作用（图 4-3）。

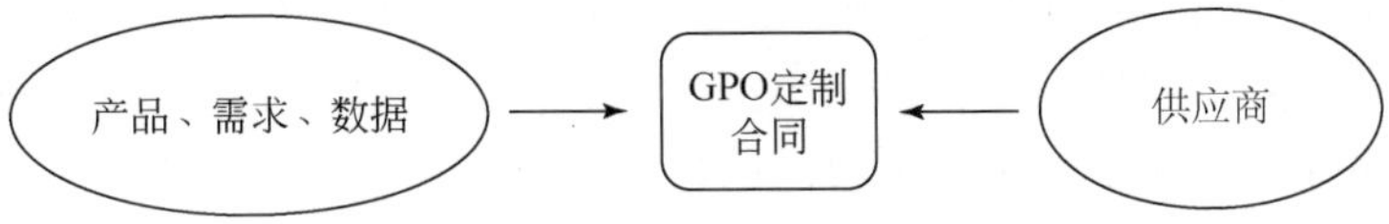

图 4-3　GPO 为医疗机构提供定制合同

Intalere 为大型 GPO 之一，它在开发定制合同过程中，一般将医疗机构与 Intalere 中制定合同的人聚在一起，利用 Intalere 的专业知识，共同制定项目目标、拟定合同条款，一般来说平均可以节省约 15%的费用。Intalere 定制的每个合同都代表一个独特的节省协议，使会员医疗机构更具有竞争优势。整个过程中都遵循保密性原则，医疗机构的定制合同只有 Intalere 和供应商可以查看或访问。

（三）选择数据分析服务及数据分析工具辅助管理与决策

随着计算机、网络、通信为代表的现代信息技术发展，供应商和医疗机构已经积累了大量可资利用的数据，分析利用这些信息将创造出新的、更有价值的情报信息，帮助医疗机构适时地调整经营战略。GPO 的数据分析服务通过分析会员医疗机构医疗服务质量数据（如住院时间和临床患者管理），帮助医疗机构改善服务能力并降低医疗成本。例如，HealthTrust 使用病例组合数据分析临床患者数据，收集耗材利用率、费用、住院时间等信息，以便医院可以采用全周期、全过程管理。目前该数据库还在扩展中，可使医疗机构能够基于 HealthTrust 的分析获得更多产品功效和药品成本方面的信息，围绕患者需求，提供针对性服务。

Intalere 是美国大型的 GPO 之一，其会员医疗机构可以建立数据网络并分享、分析基准数据。Intalere 会为会员机构提供数据分析工具，如 Intalere AccuPrice 是专用的分析软件，可以审查发票的数据，快速分析成员医院的医疗手术、实验室、餐厅和药房采购数据，快速识别和判定价格差异，减少可能存在的错误，提高整体价格准确性，监测不利于医疗机构的异常数据变化，帮助医疗组织管理并控制成本。借助这款软件工具，医疗机构可以轻松提高与供应商的谈判能力，显著减少重新谈判价格协议的时间周期，甚至将可能延续几个月的谈判时间缩减至几小时。借助 Intalere 的智能化数据分析工具（Intalere Diagnostix），通过将数据管理和分析转换为可操作的信息，Intalere 的会员医疗机构可以在医师偏好、供应费用、财务、运营和盈利能力等领域进行更有效的管理。

（四）选择支出分析服务以辅助决策

支出分析（spending analysis）是医疗机构进行成本优化和性能比较的主要工具。其对于合同的合规性至关重要，需要具备复杂数据建模、可视化工具和产品消费分配方面的专业知识。在医疗机构采购和消费的数千种产品中，执行分类分析对每个医疗机构来说都是一项艰巨的任务。医疗机构借助 GPO 提供的增值服务，可以缩减医疗机构烦琐的工作量，提高医疗机构内部的管理效率。医院可能会花费数月的时间收集信息，以协商单个价格修正案。即使这样，医院也可能仍然缺乏谈判所需的有效价格信息。医疗机构借助 GPO 提供的商品识别码可以轻松按类别确定各项支出情况，使医疗机构最大限度地节省时间、提高效率，并使医院和卫生系统能够按需管理供应成本。例如，医疗机构可以通过 GPO 的数据分析服务比较医用外科产品与其他机构相同产品的价格，以便达成最具效益的成本支出。

得克萨斯州多家医疗机构与 Intalere 公司合作降低成本

得克萨斯州的九家医疗机构与 Intalere 公司合作之后，分析了目前产品采购的结构，并进行相应调整，以降低费用，提高效益。通过预先审查采购，了解所采购物品对临床医疗质量和经济方面的影响，有效与无效显而易见，该方法方便医疗机构从经济效益、临床质量与运营管理等方面进行多角度综合评价，以节约成本、降低风险。

（五）利用电子商务服务以实现供应链自动化

GPO 的电子商务服务是协助 GPO 会员医疗机构利用网络订购系统购买产品。医疗机构越来越依赖 GPO 协助管理复杂的采购系统，借助 GPO 提供的电子商务方案完成采购。GPO 整合集中采购理念和电子商务技术，利用电子商务透明、公开、实时等优点，形成集中采购供应链成员之间协同合作的机制，促进商品流、资金流、物流和信息流的一体化。电子商务方面的典型代表是全球医药交易中心（Global Healthcare Exchange，GHX），该组织于 2000 年建立，由 20 家医疗供应链中的实体组织（包括制造商、分销商、医疗机构和 GPO）组成。GHX 主要为供应链提供公开的中介电子贸易交易服务，通过开放的平台交易整合供应商、分销商、医疗机构、GPO、IDN 的供需，实现供应链的自动化。

在电子商务市场中，GPO 可以运用对称交换模型进行服务谈判，包括融资（付款处理、应收款管理和信用分析）、物流（运输、仓储和检查）、风险缓解（托管和保修），以及与其他功能性电子商务市场的协同作用，将交易过程进行标准化处理，大大简化了系统交互的操作过程。具体而言，GPO 将对称交换技术应用于医疗卫生供应链，从而制定订单、加快复杂订单制定的速度、折扣计算，以及集团营销和谈判，从而提高供应商以优惠价格向 GPO 成员医疗机构提供良好产品与服务的能力（图 4-4）。

什么是对称交换模型？

对称交换模型可以处理复杂选项，自定义配置预先协商的多级折扣和动态多层折扣的订单。这些请求基于动态索引，无须特别预先设定关键字。最终，通过自动匹配将所有参与者聚集在一起，并快速汇总交易信息。广义对称交换的附加好处是方便结账，参与者可以随时接受交易，而不必等待指定的成交日期。

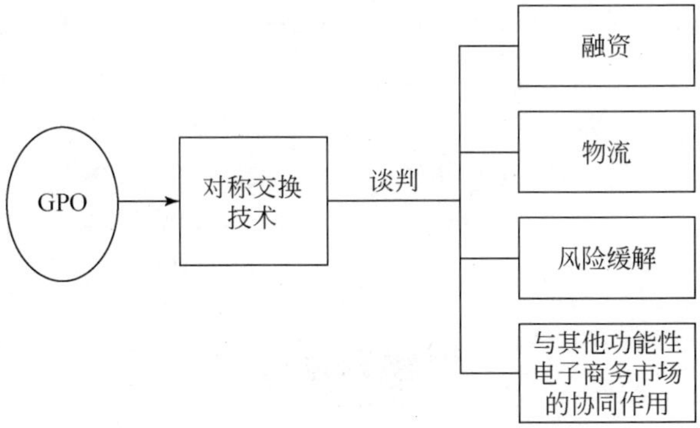

图 4-4　GPO 中对称交换技术的应用

（六）选择 GPO 优化医药供应链服务以提高绩效

优化医药供应链（optimization healthcare supply chain）这一项增值服务可为医疗供应链（healthcare supply chain，HCSC）提供重要的改进机会。GPO 与医疗机构合作，将与之合作供应商的合同标准化，并利用数据建立完善的供应链流程。完善的医疗卫生供应链可以提供全系统的改进，包括成本节约、治疗效果与服务质量改善、患者安全和满意度的提高等。在医疗供应链的各种利益相关者中，GPO 是医疗供应链的主导力量，是制造商、分销商、解决方案提供者和供应商之间的必要中介。美国大多数医院都与一个或多个 GPO 有联系，这使得 GPO 成为医疗卫生供应链中的重要利益相关者。其可以根据若干医疗机构的需求汇总采购量，与供应商谈判数量折扣，提供各种附加服务，如供应商选择、产品组合管理、电子商务、定制合同、数据和信息服务等，帮助提高医疗机构的供应链效益。

医疗机构通过 GPO 在实施供应链数据标准的过程中发挥了重要作用。在医疗卫生供应链中使用 GLN 管理系统，GLN 类似于国内快递物流的货物追踪，通过一组数字即可了解到货物的具体位置及其与目的地的距离，编码遵循的是一对一的唯一性，有利于消除交货错误、准确定价、减少采购组织发票对账流程、提高订购效率。美国主要的 GPO 都为其会员机构提供此项服务。

Beaumont Health 的供应链优化

2018 年 5 月 2 日，田纳西州纳什维尔市领先的医疗绩效改善公司 HealthTrust 和密歇根州最大的住院患者入院和净患者收入医院系统 Beaumont Health 签署托管服务协议。HealthTrust 负责非营利系统的供应链管理和费用管理。协议生效后，HealthTrust 为 Beaumont Health 提供供应链管理和绩效改善服务咨询，目的是降低采购的成本，通过优化供应链系统提高采购效率并提供各种附加服务，如电子商务、定制合同、数据和信息服务等，用其专业的采购思维和经验帮助 Beaumont Health 为患者提供优质的医疗卫生服务。

Beaumont Health 首席财务官约翰·克恩德尔（John Kerndl）表示，“我们详细比较了不同 GPO 合作伙伴服务的能力，最后因为 HealthTrust 在投资组合、临床管理、整合供应链方面的经验最终选择了 HealthTrust”，“我们对改变供应链绩效抱有很高的期望，并相信这项协议将使我们的患者、员工和我们所服务的社区受益”。

（七）选择长期照护支持性服务以提高医疗机构照护服务水平

很多 GPO 还提供长期照护服务。长期照护是为老年人、慢性病患者或残疾人提供各种必要的医疗和非医疗服务，包括辅助生活设施、疗养院和家庭照护等服务。随着人口老龄化的加剧，提供长期照护的医疗机构的服务成本不断提高，而选择 GPO 提供的服务可以降低服务成本和行政负担，以有限的成本获得服务价值的最大化。GPO 可以评估当前的照护流程，确定改进方案并实施医师批准的临床方案。GPO 临床支持服务团队可以为会员机构提供专业化的咨询服务，由有丰富医疗设备采购经验并掌握大量服务线管理策略的专业人士组成，可以及时设计、改进照护治疗方案，评估所在地区照护服务提供者的质量和利用率，帮助照护团队选择最佳康复地点。聘请知名临床医生指导如何预防并发症，改善临床手术疗效。协助医疗机构聘请医生评估诊疗技术，优化服务效果，以满足患者期望为中心，改善服务质量，提高医疗机构长期照护服务水平。

GPO 在提供长期照护服务的过程中，提倡以价值为基础的医疗卫生，医生和医疗机构管理者共同促进医疗质量提升。GPO 协助医疗机构制订以改善服务效果为中心的医务人员工作调整计划，提供大量临床研究和相关数据支持、帮助熟悉市场、寻找经验丰富的医师团队支持、公开诊疗过程、协助医疗机构提高诊疗质量。

当前美国医疗机构从传统的按服务项目收费模式转变为“打包付费”。在新的支付制度下，管理成本和提高质量需要精准分析方面的相关专业知识，以及与医疗机构之间更广泛的协作。GPO 单独设立“打包付费”顾问咨询部门，帮助医疗机构创建更高质量、更好结果和更低成本的流程。为“打包付费”提供综合的解决方案，提高医疗服务效果，提升患者满意度。

在医疗照护过程中，医务工作人员与患者在相关时间点的沟通不仅对患者的满意度评价至关重要，而且还能提高照护质量、提升患者安全水平、降低照护成本。GPO 提供综合照护管理平台，将医疗方案与患者的随访结果相联系，建立便捷的医患关系并及时收集患者报告的结果，根据医务人员、治疗手段、医疗机构和患者群体制订健康教育与健康管理方案。通过该平台，医疗机构可以收集数据，比较不同治疗方式的结果，分析医疗设备、手术方法和患者因素对治疗效果的影响。

（八）选择人力资源招聘及培训服务以提升患者安全

医疗机构运用 GPO 提供的工作流程分析工具设定整体优化的改进计划，快速推动医疗机构的质量改进和可持续发展。教育及培训服务（education and training services）是 GPO 围绕患者照护和医疗机构运营管理，为会员医疗机构提供的一系列教育与培训服务，如新技术、库存控制、电子商务解决方案、产品标准化等教育和培训。GPO 协助管理人员制订劳动管理制度并进行专业性很强的管理，以提高患者照护质量和医务人员工作满意度。培训管理人员学习使用关键性能指标和相应评价工具，以进行生产力、效率评价和功能改进。

此外，GPO 拥有强大的信息网络，医疗机构可利用其进行人员招聘，以此解决医护人员短缺的问题。GPO 会在招聘过程中严格执行招聘流程，对招聘人员的认证十分严格，以确保患者生命安全并降低医疗风险。在招聘方面，GPO 的人员聘用标准比全美的平均标准更加严格，可以帮助医疗机构把关。GPO 的专家在招聘方面拥有丰富的专业知识和经验，利用 GPO 规模大且有专业的招聘部门的优势，提高医疗机构对医学人才的吸引力，并及时公开地发布医疗机构的员工需求。在医疗机构尚未招聘到正式合格员工时，GPO 为医疗机构提供具有丰富经验的相关领域的兼职卫生人力资源，解决医院短期人力资源短缺问题，给予医疗机构足够的时间和精力招聘合适的医疗专家及管理人才，防止由人员流动造成的不良影响。

（九）选择 GPO 提供的托管服务以降低与规避合规风险

医疗机构可以利用 GPO 为其提供独立的医疗代理管理服务（hosting service），降低不良运营对医疗机构管理的干扰，让医疗机构的医务人员专注于提高医疗服务质量。GPO 会安排有关专家帮助医疗机构全方位管理劳动合同，帮助会员医疗机构优化供应链及引入人才。托管服务的成本由 GPO 相关的供应商资助，可节约医疗机构运营成本。GPO 会严格认证各种医疗服务的资质凭证，制订以便利性优先为条件的条款，降低医疗机构管理方面可能存在的合规性风险。

（十）选择战略性咨询服务以提高人力资源绩效

医疗机构利用 GPO 的战略性咨询服务（strategic advisory services）实现医疗卫生服务人力资源的优化，提高管理效率。该服务主要应对人力资源问题，其为医疗机构提供团队、流程服务和一系列技术工具。

医疗机构主要利用 GPO 提供的以下服务：一是评估医疗机构当前的人员配置现状并构建评价模型，通过将其与绩效较高的同行医院的比较来确定绩效差距，有针对性地干预有关行为，进行人员优化，提高绩效水平；二是为医疗机构管理人员提供有关医护人员的时间表和医护人员任务认知评估，有效地计划和管理，提高人力资源管理效率；三是有效分配工作、调度医护人员，降低因患者数量波动造成的医务人员冗余和超时工作；四是浮动设计与管理，帮助医疗机构创建可以进行兼职工作的灵活工作机制和人员信息储备；五是提供现场管理系统收集信息，帮助管理人员分析劳动生产效率和绩效。

1. 劳动生产率优化 医疗机构借助 GPO 人员配备、实践调度等劳动力数据分析服务，评估当前流程与行业领先实践之间的潜在差距。所用的标准由 GPO 通过大量医疗机构的专有基准数据库综合研究后确定。GPO 将审查医疗机构当前运行情况，确定人员配备是否符合最佳的配置原则，平衡全职工作人员和兼职工作人员的数量，有效解决医疗机构各个部门及整个企业内部的需求，帮助成员机构制订效率改进计划，提高医疗机构员工的工作效率。

2. 计划安排和人力资源管理 医疗机构借助 GPO 提供的人力资源管理服务，完善人员配备，优化轮班安排，评估个人工作绩效、工作进度和工作周期等关键指标；帮助管理人员根据目标分配检查工作人员的每日差异；通过灵活的职位控制，帮助构建与历史工作量需求趋势相符合的工作人员配置。对工作人员的任务分配进行网格化管理，根据单位小时内目标工作量和标准级别所划分的医护与患者的比例配置人员。

3. 医务人员有效调度　医疗机构利用 GPO 提供调度精度方案和关键性评价指标，调整人员编制并减少冗余人员。通过有效的调度可以提高照护质量，降低成本，提高员工满意度。例如，基于工作量预测、预判人员调度；以员工的预期承诺安排工作；提前制订计划，执行前留出充足的准备时间；识别和减少医务人员不健康的工作模式。

4. 浮动设计/管理　在美国，有很多商业医疗咨询公司为医药健康产业提供专业信息和战略咨询服务。以 IMS Health 为例，IMS Health 提供以医药市场数据为基础的全方位的市场信息和战略咨询服务，其主要服务能够帮助客户有效推动销售、优化产品形象，以及管理新品推广和产品生命周期，同时提供专业咨询和分析服务。以 IMS Health、QUINTILES 为代表的商业医疗咨询公司更多的是服务于医药企业，提供的服务类型也是基于产品的分析。随着 GPO 的不断发展，借助其掌握大量医疗机构数据的优势不断拓宽业务范围，其中医疗服务咨询也是重要的组成部分。GPO 与其他咨询公司相比有其独特优势，GPO 不仅掌握医疗机构和制药企业交易数据的第一手资料，可以此为依据，根据医疗机构行业内的变化趋势为医疗机构提供战略性的指导咨询服务；还可以在行业变化发生前对医疗机构进行针对性的咨询、教育、培训。GPO 战略咨询服务侧重的是医疗机构的人力资源管理，目的是实现医疗机构管理人员的优化配置，提高效率。

医疗机构利用 GPO 咨询服务协助管理专业技术高度复杂的工作人员（包括注册护士、呼吸治疗师、医技人员、物理治疗师、职业治疗师、助理、职员和支持性人员），平衡全职和兼职工作人员的数量，制订能力认证和培训计划，确保工作人员满足组织机构的要求。

（十一）卫生应急管理与网络安全保障领域更多利用 GPO 服务

全美大量医疗机构作为 GPO 的会员，在采购过程中积累海量信息，有效分析处理这些信息进一步创造价值是 GPO 未来业务的发展方向。医疗机构借助 GPO 的数据分析结果筛选最具价值的产品和服务。为满足不断变化的市场需求，GPO 越来越倾向通过数据分析来从供应链的不同角色中获取关键信息，以进行有效的统筹规划。GPO 为医疗机构提供的增值服务除了临床咨询与顾问外，已经进一步拓展至突发事件、卫生应急和网络安全保障领域。

1. 临床咨询与顾问　GPO 引导医疗机构进行临床服务供应链整合，医疗机构的医务人员与 GPO 协同合作，以创建不同情境的方式来考虑患者的健康问题，并将其所提供的服务与具体情景相结合。在这种合作中，GPO 将开发和应用质量评估工具，由医疗机构提交有关数据并让 GPO 根据特定的病种对其进行数据比较分析。获取大量的临床数据支持后，GPO 就可以提供经济谈判以外的医疗机构临床咨询顾问等新型增值服务。

2. 卫生应急管理 医疗机构在面临各类突发公共卫生事件时承受着巨大的压力，GPO 作为医疗机构的合作伙伴，帮助医疗机构在应对各种突发公共卫生事件方面发挥了重要的作用。医疗机构与 GPO 合作制订应急准备计划，为短缺的应急物资寻找替代品，确保医疗机构为患者提供可持续性的医疗服务。在飓风肆虐得克萨斯州和波多黎各自治邦的时候，医疗机构与公共卫生系统借助 GPO 在医疗卫生供应链上的优势，在风暴造成大规模伤亡事件前储备血液，为传染病事件储备无菌衣物和手套，以及在物资供应网络瘫痪的情况下提供必要的水和食物。突发事件暴发时，在联邦政府的统一指挥下，地方政府当局、联邦政府及整个医疗卫生供应体系与 GPO 合作，借助 GPO 强大的关系网与全球的供应商合作，保障所需物资的供应。

2005 年，卡特里娜飓风造成了新奥尔良市 80%的面积被水淹没，在当时被称为“美国有史以来损失最大的自然灾害”，美国人口普查局公布的死亡人数为 1833 人，白宫报告称 77 万居民流离失所，国家海洋和大气管理局数据显示损失高达 1250 亿美元。在应对灾害的过程中，暴露出医疗机构对于伤病员的运输、追踪能力，以及应急物资储备等方面的不足。GPO 针对性加强了重大灾害卫生发生时的应急物资储备、输送，以及供应链管理方面的服务。

2019～2020 年，COVID-19 疫情的暴发给医疗体系带来了巨大挑战。在这场全球性的传染病流行中，应急医疗设备（CT、呼吸机等）、应急物资供应（医用口罩、医用防护服等）的充足性和可获得性取代价格成为首要紧迫的问题。为缓解医疗机构的应急物资不足，美国各类医疗机构、联邦政府或各州应急管理机构与 GPO 合作，凭借其完善的供应链系统采购短缺应急医疗物资及其替代品，缓解医疗机构应急医疗设备和医疗物资短缺的难题，在预防疫情传播方面发挥了重要作用。

在应对 COVID-19 疫情期间，GPO 为医疗机构提供物资保障，制订标准应急物资保障流程，即设计预案—动态监测—物资评估—方案审查—稳定供应（图 4-5）。符合突发公共卫生事件应急管理的事前预防、事中处置和事后评估的应对规律和要求。即 GPO 在事前确定好应急备案，突发公共卫生事件发生时，GPO 立即委派专责员工密切关注疫情发生后相关市场动态及原材料的情况，监测医疗物资与设备供需市场波动；随后进入评估阶段，对疫情严重的地区、当地医院及相关医疗设备生产地的应急物资进行预测性评估，确定可能受到大幅影响的产品或设备，进行应急管理的预演，让医疗机构了解当前市场流动或库存的产品量及可能的激增情况，以便做出预判；之后即进入审查阶段，由供应商评估供应方案是否可以持续供给，以及供给不足时在何时增加产品线，与此同时准备备用方案，即一旦之前的供应商在增产情况下也难以保证产品供应量，GPO 就开始寻找新的供应商，建立合同临时审查程序，快速审查新产品或新供应商资质，为医疗机构与供应商尽快签订供货合同并提供决策所需信息支持；最后进入稳定供应环节，即事后的评估，GPO 会给新的供应商一个标准，这些供应商不但要满足 GPO 需要采购的产品量，也要确保稳定的产品生产及供应。确定好供应商后，GPO 联系医疗机构确保销售渠道稳定并签订合同，确保突发公共卫生事件爆发时仍可协调供应商与医疗机构，尽最大可能保证供应链的稳定与韧性（图 4-6）。

图 4-5　GPO 保障医疗机构物资流程

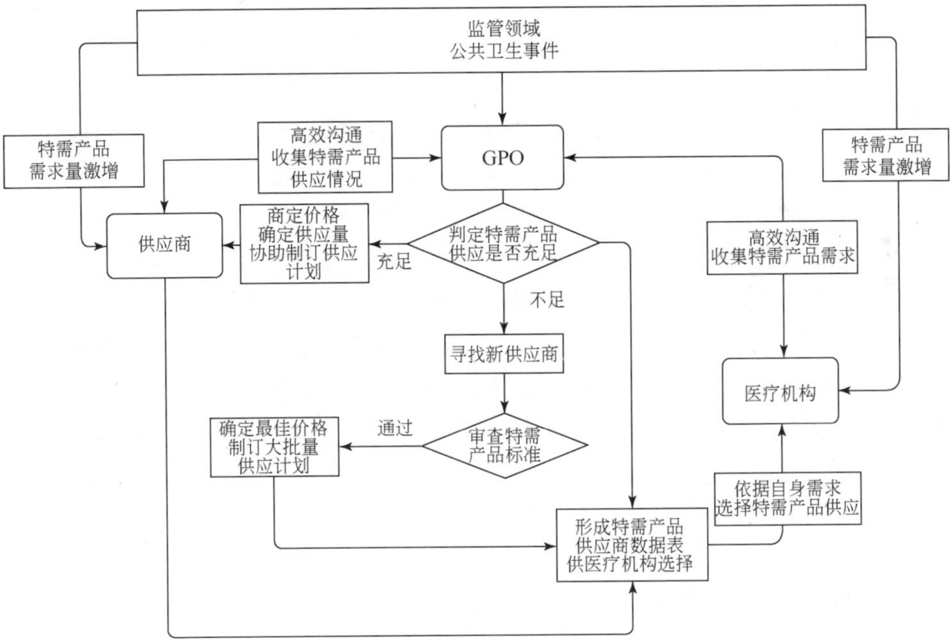

图 4-6　GPO 突发公共卫生事件应急物资需求供给

在应对 COVID-19 疫情的过程中，医疗机构在应急反应过程中与 GPO 密切合作，借助 GPO 组织提供的有针对性的服务缓解疫情造成的巨大影响。

医疗机构借助 Intalere 服务应对 COVID-19 疫情

Intalere 是 GPO 的行业领先者，在 COVID-19 疫情应对中，医疗机构在其帮助下加速了自身的财务恢复。Intalere 努力帮助医疗机构改善财务运营，加强院内感染控制，开展远程医疗。

在改善财务运营方面，医疗机构通过 Intalere 的服务实现财务快速复苏，主要体现为在以下方面节约开支：医疗用品和设备、运费账单、债务收取、设备回购、设备租赁、账单审核、应付账款自动化。医疗机构通过医疗优先支付（priority healthcare payments）方案，简化付款流程，使医生更加专注于患者。该方案让患者有多种支付手段可选择，如线上、移动设备（将信用卡、借记卡等绑定在移动设备上）或使用电子支票。借助 GPO 自动化工具和电子化支付可使医疗机构提高效率、获得折扣和降低成本，同时降低了支票打印和处理的费用及错误风险。医疗机构加快了支付速度，减少了 50%的手续费，从而大幅度节约开支，增加了收入。Intalere 还对医疗机构提供应付账款支出方面的免费咨询，这让医疗机构获得了巨大利润回报。智能化流程（robotic process automation）可替代各种手工操作，从而简化工作流程、减少错误并自动处理应付账款，大大提高了医疗机构的盈利能力。Intalere 还能通过现金流流程再造，帮助医疗机构实现收入管理的现代化，提高审核账单和收回债务等工作流程的工作效率。Intalere 的专家与医疗机构合作，共同回顾与审核经济目标，预判突发事件背景下全年潜在的收入缩减情况。除以上服务外，Intalere 还为医疗机构提供专属的效益分析和风险成本控制战略，通过保险杠杆降低成本。

院内感控方面，医疗机构可以通过 Intalere 的采购供应链确保物资供应，包括防护、隔离、消毒、过滤的各种器材设备，以及实验室检测试剂、COVID-19 特异性检测试剂等，以确保患者和工作人员的安全。应对 COVID-19 期间，医疗机构通过与 Intalere 合作，共同努力降低院内感染，为职工和患者提供安全的就诊环境。

COVID-19 疫情暴发后，医疗机构全面开展远程办公模式，为确保远程网络数据传输、存储安全，制订合适的网络安全协议势在必行。医疗机构可以直接利用 Intalere 提供的服务包（涵盖建立远程医疗、网络安全、远程工作的设备需求，以及购买和租赁远程患者监控设备及保持通信线路畅通的设备需求等）及其技术解决方案确保远程办公和医疗的快速实现。

Premier 在 COVID-19 疫情期间为医疗机构提供的服务

COVID-19 疫情暴发给医学科学、公共卫生、医院、医护人员带来了巨大的挑战，医用物资的紧缺、患者数量的持续升高给医疗机构的正常运行带来了巨大的压力。

COVID-19 大流行高峰期，一些普通药品的需求量激增至平时的150%以上，医疗资源严重短缺。诊疗护理工作量激增，医疗机构首先需要快速识别并筛选急危重症等风险较高的患者，减少传染人数的增加。Premier 旗下的斯坦森软件公司研制的临床决策支持系统（clinical decision support，CDS）可以帮助医护人员识别出现严重症状的风险最高（老年人、多种合并症、其他危险因素）的患者，辅助临床医生做出决策，提供恰当的护理，减少医疗失误和医疗资源的浪费，改善患者与医院的关系。CDS 收集医疗机构数据并使用自然语言处理（natural language processing，NLP）和机器学习（machine learning，ML）后，从电子健康记录（electronic health record，EHR）中提取数据，帮助医疗机构整合数据，提供近乎实时、集成的解决方案，以便早期预警，有利于临床医生在 COVID-19 大流行期间更轻松地为患者提供高质量医疗服务。借助 Premier 基于云处理的系统软件及实时可视化工具，医疗机构可以预测 COVID-19 的病例数，自动化预测患者量及医疗服务需求峰值，确保医疗机构可有效评估床位数的阈值。

COVID-19 疫情期间，院内感染也是巨大威胁，一旦院内感染暴发，会给本已严重短缺的卫生人力资源带来更大的压力。医疗机构借助 Premier 远程监控服务及临床监测软件系统（TheraDoc）减少医护与患者的直接接触，从而减少院内感染发生的可能性。医疗机构利用 Premier 拥有影响力的专家资源，获得专家见解、点对点的知识共享、研究的最新相关信息及临床最佳实践方案以提高临床诊疗效果。临床医生利用 TheraDoc 记录患者的临床轨迹及系统共享数据，从而可改善患者医疗服务水平，优化临床医生时间配置，提高医疗机构的运行效率，降低成本。

3. 网络安全保障　网络安全是一个日益重要的领域，随着医疗系统的不断整合，医疗机构信息化程度不断提高，医疗机构越来越多地依赖信息技术开展远程医疗等服务。随着信息技术的发展，医疗设备越来越多地与互联网连接，从而使信息安全变得至关重要，尤其是医疗机构所拥有的患者的健康信息对于患者至关重要。GPO 可以通过告知医疗机构相关网络功能的最新状态和不同设备的可用性来提高网络安全性。GPO 与供应商合作保护网络并确保医疗机构有固定人员接受必要的培训，还提供包括为所有网络信息漏洞提供备份的解决方案、加密和密码保护等服务。作为网络安全的一部分，GPO 与医疗机构达成协议，只推荐符合安全标准的设备，并与供应商合作解决网络安全威胁，如预先安装在设备中的恶意软件，以及网络安全漏洞。在具体实施中，GPO 也将时刻保持最新的行业安全标准。

当前，在传统服务以外，医疗机构对 GPO 所提供的增值服务利用率逐渐提升，这本身也成为 GPO 进一步拓展各种增值服务的动力。GPO 的咨询服务、托管服务、标准化产品服务等依赖医疗机构数据库的服务，在大数据分析兴起时才开始崭露头角并逐渐发展起来。很多 GPO 发现数据分析可以带来更多的附加价值，并选择将能提供该项服务的单位重新注册成 GPO 旗下的子公司，为医疗机构提供更专业的增值服务。

大数据时代的到来使得咨询等各种增值服务成为 GPO 公司的特色服务，并且不断发展，这对医疗机构的发展有很大益处。但 GPO 的本质仍是通过集体购买所获得的批量折扣来降低成本，这也是 GPO 的根本价值所在，虽然 GPO 在不断发展各种新型的增值服务为基本服务增加价值，但是合同管理、代理谈判等服务仍然是医疗机构利用 GPO 服务的核心内容。GPO 目前的大部分收入仍然来自其主要的传统业务，而不是来自咨询等增值服务。这意味着传统的 GPO 业务仍是 GPO 运作的基础。

医疗机构选择 GPO 一般性服务的主要目的是节约医疗机构采购成本。选择 GPO 的增值服务时，医疗机构会在节约医疗成本目的的基础上结合自身的需求，对 GPO 的增值服务进行选择。个性化合同是就特定的产品帮助医疗机构与供应商进行协商，降低采购成本，是 GPO 提供的最基础的服务；医疗机构选择信息共享服务是因为 GPO 在采购产品时通过信息共享可获得更低的折扣；通过数据分析、支出分析能够使医疗机构更全面地了解产品、获得更有价值的情报，进而降低医疗成本、改善运营管理的目的；医疗机构选择电子商务服务是因为其能通过网上订购系统帮助医疗机构加强采购管理；医疗机构利用优化医药供应链服务，可为医疗机构争取更多的附加服务；利用 GLN 可提高医疗机构的订购效率，避免配送差错；医疗机构出于评估照护流程、改进临床方案的目的选择照护服务，并且 GPO 的教育和培训服务还可以提升患者安全度，促进医疗机构的可持续发展；医疗机构为进一步提高医疗服务质量、有效管理人力资源、优化人员配置而选择医疗代理管理服务及战略性咨询服务。

三、医疗机构可资利用的 GPO 增值服务类型

医疗机构可选择的 GPO 提供的增值服务种类繁多，按照不同的标准可以分成

不同的种类。

（一）按照服务类型划分 GPO 的增值服务

GPO 所提供的增值服务按照内容可划分为人力资源优化服务、信息分析与信息整合服务、优化医药供应链服务、行政压力减轻服务四大类（表 4-2）。

表 4-2　医疗机构可利用的 GPO 增值服务类型

增值服务类型	具体服务	服务内容
人力资源优化服务	教育及培训服务	GPO 不光为医务人员提供培训，而且也为其他工作人员提供培训，以便更好地提供服务；GPO 在人才招聘方面能为医疗机构提供全面服务，可有效解决医疗机构人员短缺的问题
	战略咨询服务	战略咨询围绕人员配置、工作分配、时间分配、目标调整及绩效分析，目的是实现医疗机构管理人员的配置优化，以提高生产力
	长期照护	GPO 拥有自己的临床团队，可以对医疗机构进行专业的照护服务设计，并能评估医疗机构的长期照护质量，提出改善方案，满足患者期望
信息分析与信息整合服务	支出分析	GPO 通过专业知识对医疗机构采购的产品进行分类分析，减轻医疗机构的工作量
	数据分析	GPO 分析临床患者管理信息、医疗耗材利用率等，以改善医疗机构提供服务的能力
	定制合同	GPO 分析产品供应、使用模式、成本和竞争对手的产品数据，了解医疗机构的需求，并与供应商进行谈判，形成保密性定制合同
	信息共享	GPO 充当信息中介的角色，通过分析历史交易数据向医疗机构提供市场价格信息，医疗机构将其作为与供应商进一步谈判的价格基准
优化医药供应链服务	优化医药供应链	GPO 汇总医疗机构采购产品数量的意愿，根据采购数量与供应商谈判，以期望获得最佳折扣及附加服务；通过 GLN 减少对账等流程，提高配送效率，提高配送准确性
行政压力减轻服务	托管服务	GPO 提供医疗代理管理服务，解放医务人员，让其全心做好本职工作，提高医疗服务质量
	电子商务	协助医疗机构使用基于 Web 的产品订购系统购买产品，提高购买效率；为医疗机构提供有效管理采购过程的电子商务方案

总之，教育及培训服务、提供战略性咨询服务、长期照护都是通过对人的管理来保证医疗机构提供优质服务。而且 GPO 招聘人员的覆盖面广，能够有效解决医疗机构人员短缺的问题。战略咨询服务通过对医疗机构的工作人员进行时间、工作及目标的分配，可实现人员的优化配置；支出分析这项服务是通过对医疗机构采购产品的数量、种类等信息进行分类分析，提出可供管理者参考的改进方案；数据分析通过对医疗机构的各种数据（如患者管理信息、医疗耗材信息）进行分析，可有针对性地减轻医疗机构的工作量，提高医疗机构提供服务的能力；信息共享通过分析以往的交易数据并对其进行分析，可向医疗机构提供价格信息，最

大程度地降低医疗机构成本，而定制合同则是通过对数据的整理分析，有针对性地为医疗机构定制合同；优化医药供应链侧重对医疗机构的产品需求进行整合，并根据数量与供应商进行谈判，期望得到折扣，进而帮助医疗机构更好地节约成本；托管服务、电子商务通过弱化医疗机构行政管理的角色，让医疗机构的工作人员有更多的时间专注于提高服务质量和效率，做好本职工作。作为医疗机构和供应商之间的纽带，一个成熟的 GPO 通过提供上述服务，做好医疗机构的代理者，让医疗机构真正从中受益。

（二）不同类型的医疗机构对 GPO 增值服务的偏好不同

每个医疗机构的规模、服务区域、专业领域、工作范围等不尽相同，这也就意味着医疗机构对增值服务的需求也会有所不同（表 4-3）。

表 4-3　不同类型的医疗机构对 GPO 增值服务的偏好

医疗机构	增值服务类型偏好
综合型医疗机构	信息共享、定制合同、数据分析、支出分析、电子商务、优化医药供应链、长期照护、教育及培训、托管服务、战略性咨询服务
专科型医疗机构	信息共享、数据分析、支出分析、医药供应链优化、长期照护、教育及培训服务、战略性咨询服务
社区卫生机构	长期照护、教育及培训服务、托管服务
有实验室的医疗机构	数据分析、支出分析、优化医药供应链、战略性咨询服务
无实验室的医疗机构	优化医药供应链、战略性咨询服务

按照所提供的服务类型，医疗机构可分为综合型医院和专科型医院。对于综合型医院，由于其提供服务范围广，消费者多元，导致综合型医院需求的服务多样化。在合同定制方面，综合型医院区别于专科型医院。例如，Intalere 为医疗机构提供定制药房咨询及行业领先的情报服务和咨询解决方案，重点是专业药房和供应链优化。以改善照护患者的协调性，增加治疗时间和与患者的沟通频率，从而对结果产生积极影响，降低放弃治疗患者的数量、患者再入院率。所以定制合同服务也就更加适用于大型综合且住院床位数较多的医疗机构。

但在专科型医院，Intalere 特别针对专科型医院和专科门诊提供一项服务，主要是进行基因检测和家族病史评估，以更好地识别早期乳腺癌的妇女，通过及早发现癌症并减少患者长期照护费用，改善患者体验，改善人群健康状况并降低人均医疗费用。

按照有无实验室的标准，医疗机构可分为有实验室的医疗机构和无实验室的医疗机构。一般来讲，大型的、综合型的医疗机构均设有实验室，方便教学和研究，运用 GPO 提供的数据分析和支出分析服务，全方位的管理咨询解决方案，可为医疗机构提供运营改进和流程再造方面的咨询服务，基于云技术对会员医疗机构往来账目进行分析。结果表明这项服务可以为会员医疗机构的实验室和放射科带来 10%以上的收入增长。

基层/社区医疗机构会选择 GPO 多种类型的增值服务，由于基层/社区医疗机构卫生服务能力的有限性、患者就诊服务的约束性，长期照护和托管服务是其重点考虑的增值服务。而长期照护服务产生的初衷就是为初级卫生保健的医生和专科医生提供服务。社区的长期照护服务可以为老年人、慢性病患者或残疾人提供医疗或非医疗的服务。社区医疗机构的宗旨是使患者远离医院，避免再次入院，医疗机构通过协作计划保障长期照护服务质量。

所有类型的医疗机构均可选择 GPO 提供的战略性咨询服务，通过评估、识别医疗机构管理运营中的需要，减少非人工支出，降低成本，避免资源浪费。

四、近年来医疗机构更多选择 GPO 品牌化的增值服务

目前，随着医疗机构对增值服务需求的不断增加，GPO 也逐渐有将各种增值服务做细、做精、做强的趋势，随着市场的不断发展和竞争的日趋激烈，某些大型 GPO 开始将其增值服务品牌化，以形成与其他 GPO 的竞争优势。例如，HealthTrust 和 Intalere 陆续将其增值服务品牌化。

品牌（brand）指公司的名称、产品或服务的商标，和其他可以有别于竞争对手的标示、广告等构成公司独特市场形象的无形资产。品牌外在是一种识别标志，实际上也是精神象征、价值理念、品质优异的核心体现。培育和创造品牌的过程也是不断创新的过程，只有自身有了创新的力量，才能在激烈的竞争中立于不败之地，继而巩固原有品牌资产，多层次、多角度、多领域地参与竞争。

增值服务的服务品牌化在本质上是 GPO 向医疗机构提供的与未来服务体验有关的承诺。好的品牌服务有助于增强医疗机构的购买信心，给医疗机构带来额外的心理和社会体验。增值服务走上品牌化道路，一方面可以增强 GPO 的辨识度，有助于提高营销效果，进入新的服务领域和品牌拓展。因为好的服务产品容易被别人模仿，所以 GPO 需要寻求新的差别化的途径，而服务品牌化正是差别化的重要途径。另一方面，服务的无形性使得医疗机构难以对服务产品进行客观和准确的判断。品牌化可以借助品牌名称、标识或服务环境等将服务有形化。

小　结

本章从医疗机构选择 GPO 的原因和医疗机构选择 GPO 的标准入手，归纳概括了 GPO 的服务类型，详细阐述了医疗机构选择 GPO 服务的优势，以及 GPO 对

医疗机构自身运营管理和患者质量安全提升方面的作用。

医疗机构根据自身现状及服务需求，从组织形式、服务范围及其他因素筛选有意加入的 GPO，而 GPO 则通过提供一般服务和增值服务促使选择 GPO 的医疗机构获得多方面的收益。例如，医疗机构通过 GPO 的合同可以直接获得所需采购产品，减少谈判次数，从而降低运营成本，交易成本的降低也会促使医疗成本降低，最终节省医疗系统的成本及患者费用；医疗机构借助 GPO 还能改善供应链的管理，实现成本优化、供应链数据标准化；通过 GPO 的临床教育与培训、技术咨询与团队改善、医疗机构运营管理等增值服务，医疗机构能改善运营模式，更好地为患者提供医疗卫生服务。总之，在美国，各种医疗卫生服务机构均高度依赖 GPO 的采购服务和增值服务。虽然增值服务原本作为传统服务的扩展及补充而产生，但是在产品趋于同质化的今天，服务已经成为影响竞争力提升的关键因素。因此，GPO 的增值服务成为 GPO 业务新的增长点及不同 GPO 吸引会员医疗机构的重要竞争手段，并有品牌化的趋势。本章也通过大量数据直观呈现了医疗机构利用 GPO 服务所带来的成本节约情况。

参 考 文 献

Arbietman D, Lirov E, Lirov R, et al, 2001. E-commerce for healthcare supply procurement. Journal of Healthcare Information Management, 15(1): 61-72

Bruhn WE, Fracica EA, Makary MA. 2018. Group purchasing organizations, health care costs, and drug shortages. JAMA, 320(18): 1859-1860

Burns LR, 2014. The performance of group purchasing organizations(GPOs) in the health care value chain: A literature review. Department of Health Care Management. Philadelphia: The Wharton School, University of Pennsylvania

Dan O’Brien, Jon Leibowitz, Russell Anello, 2017. Group purchasing organizations: How GPOs reduce healthcare costs and why changing their funding mechanism would raise costs a legal and economic analysis. [2019-11-02]. https://www.ftc.gov/system/files/documents/public_comments/2017/12/00222-142618. pdf

Goldenberg D, King R. 2009. A 2008 Update of cost savings and a marketplace analysis of the health care group purchasing industry. Washington DC: Locus Systems Inc

Healthcare Supply Chain Association. 2018. Healthcare Supply Chain Association(Web Page) supply chain 101. [2019-11-2]. https://www.supplychainassociation.org/wp-content/uploads/2018/05/Supply_chain_101. pdf

Healthcare Supply Chain Association, 2020. HSCA 2019 annual value report. [2019-11-25]. https://www.supplychainassociation.org/wp-content/uploads/2020/03/HSCA-2019-Annual-Report.pdf

Intalere, 2016. Collaboration and Intalere's AccuPrice bring 10 percent reduction in laboratory costs for strategic resource partners alliance. [2019-11-27]. https://www.intalere.com/Portals/4/SuccessStories/Strategic-Resource-Partners-AccuPrice-Success.pdf

Intalere, 2016. Hospice By The Bay partners with Intalere and HRS to enhance efficiencies and realizes more than $1 million in savings. [2020-03-05]. https://www.intalere.com/Portals/0/SuccessStories/Financial-Services-Hospice-By-The-Bay-Success-Story. pdf

Intalere, 2016. Intalere's AccuPrice helps IDN solve price accuracy puzzle. [2019-10-15]. https://www.intalere.com/Portals/4/SuccessStories/Intermountain-Healthcare-AccuPrice-success.pdf

第五章

供应商与 GPO

随着 GPO 的发展壮大，GPO 已经成为美国现代医疗供应链中较为核心的环节之一，通过 GPO 销售产品是供应商获得和拓宽市场份额、维持生存与发展的必然选择。例如，在美国，绝大多数的医疗卫生机构均通过 GPO 采购产品。医疗机构通过全国性 GPO 购买的产品占总购买量的 56%，通过区域性 GPO 购买的产品占总购买量的 19%;几家全国性 GPO 参与购买的产品比例如下:仿制药品占 77%、品牌药品占 75%、医生偏爱产品占 39%。此外，由于 GPO 在医疗市场上的重要作用，即使不是通过 GPO 销售的商品，其定价也受到 GPO 定价的影响。这一章将围绕供应商参与 GPO 的原因、参与 GPO 的方式，以及供应商通过 GPO 实现预期利益的策略与途径进行介绍。

第一节　供应商参与 GPO 的原因

供应商之所以乐于通过 GPO 销售其产品，一方面与医疗卫生行业供应商自身面临的种种困境密切相关，另一方面与 GPO 能够为供应商扩大市场份额、提高运营效率、降低生产销售成本等诸多好处密不可分。

一、医药供应商面临的困境

本章所述的供应商特指生产药品、医疗器械耗材、医疗机构办公用品等医疗机构所需产品和服务的企业。在医药流通体系发展过程中，供应商面临着许多问题和挑战。医药产品具有质量同质性、时限性要求等特性，因此医疗供应链面临的挑战与一般商品的供应链不同，其有如库存管理效率低下、协调性差、供求信息匮乏等挑战。

（一）库存压力大

为确保医疗机构物资充足且能稳定供应，供应商必须将库存维持在较高水平。高库存不仅容易导致积压、浪费，而且由于大量资金被占用，供应商会面临巨大的资金周转压力。

（二）供应商的内部管理面临严峻挑战

随着医疗机构精细化管理改革的不断深入，医疗供应链在运行过程中对供应商提出了更高的要求，但是由于内部管理粗放、动力提升和支撑不足等问题，大部分供应商很难快速响应供应链精细化管理提出的要求，同时也拉低了供应链的整体效率。

（三）供货程序烦琐、效率低下

一个供应商经常需要向多家医疗机构供货，不同医疗机构需求不同导致供货程序烦琐、效率低下。例如，每个医疗机构对同一耗材的证件要求存在差异，供应商在给医疗机构提交证件的过程中，漏传、错传情况时有发生，证件管理效率低下成为供应商需要面对的重要问题。

（四）供应商交易成本负担沉重

如果供应商不与 GPO 合作，就需要与医疗机构单独议价。随着医疗卫生系统的发展，医疗机构的类型和数量越来越多，供应商为销售产品需要与越来越多的机构进行单独议价，产生的销售和交易成本自然也会越来越高，进而提升了医疗产品价格。在医疗卫生机构日益重视成本控制、不断向上游转移成本压力的情况下，供应商的运营和发展压力越来越大。

基于以上原因，越来越多的医药供应企业有很强的内驱力使其通过与 GPO 签订各种各样的合同来销售其产品和服务。

二、供应商借助与 GPO 合作所能解决的问题

供应商与 GPO 合作后能够解决其生产经营销售面临的一系列问题，如拓宽供应商产品的市场份额；通过 GPO 与会员医疗机构已建立起来了的广泛且相对持久的联系，增加其潜在客户；通过 GPO 既有的灵活多样的合同类型，提高产品销售能力；通过 GPO 给供应商提供的各种服务，提升运营效率，从而有更多时间用于新产品研发和技术更新等。

（一）供应商借助 GPO 拓宽市场份额

供应商参与 GPO 后，可以利用 GPO 在美国医疗市场的高渗透率扩大自己产品的市场份额。供应商都希望在全国的医疗机构、诊所和疗养院的产品销售中占到最大份额，而 GPO 扮演“守门人”的角色。随着 GPO 与医疗机构合同期限的延长和采购比例的提高，除了少数供应商可以考虑采用其他独立的途径确保生存

外，与 GPO 签约是绝大多数供应商的“不二之选”。实践证明，以制药公司为主的供应商只有与 GPO 开展业务合作，才能维持或增加市场份额。特别是，如果供应商既有的市场份额较小，通过与 GPO 合作就等于是得到了可以第一时间进入大规模预售市场的机会，供应商的利润得以显著增加，而这一切紧靠供应商自己的力量是难以实现的。

（二）供应商借助 GPO 提高效率、降低成本

供应商能够通过 GPO 与更多医疗机构建立联系，增加谈判能力、获得批量折扣和需求评估能力，同时也可用最具竞争力的价格为市场提供最合适的产品。因此，那些没有大规模市场营销和（或）销售队伍预算的供应商更倾向加入 GPO，利用 GPO 的渠道打开市场。同时，通过 GPO 提供的各种服务与机会，供应商还直接降低了与医疗机构谈判采购合同的行政支出，减少了在合同开发、谈判和管理上所花费的时间和精力，从而降低了商品和服务的价格。由于交易成本降低，节约了开支、提升了效率，继而降低了供应成本。供应商也可以与医疗机构直接签约、交易，即使在这种情况下，供应商和医疗机构仍然可以将 GPO 既定协商价格作为起点。同时，供应商与医疗机构之间可能存在的信息不对称也可以通过供应商与 GPO 协商签订的合同在某种程度上降低甚至消除，客观上实现 GPO 帮助供应商更好地为医疗机构提供服务的目标。

（三）供应商借助 GPO 提升合同的保障性、灵活性

供应商通过与 GPO 谈判确定合同类别。一般来说，供应商与 GPO 签订的合同可以分为三种：单一来源合同（一个医疗机构只能选择一个特定产品的供应商）、双重来源合同（其中一个医疗机构可以选择一个特定产品的两个供应商）和多重来源合同（一个医疗机构可以选择一个特定产品的两个以上的供应商）。通常情况下，GPO 与医疗机构签订一份单一来源合同，根据签订的合同类型，GPO 决定只与一个供应商签订合同，从而降低供应商的投标成本，以换取远低于双重来源或多重来源合同条件下谈判的价格。同时，供应商和医疗机构可以自由地交易“非合同”项目产品。当医疗机构对特定供应商有偏好时，他们可能会为这些供应商的产品支付更高的价格，而不是通过 GPO 的单一来源合同确定价格。很多情况下，供应商往往提供更优惠的价格，以换取与 GPO 签订单一来源合同，降价幅度之大足以让 GPO 以此价格吸引更多的会员医院。GPO 的供应商合同中包括了供应失败免责条款，以激励供应商生产足够数量的产品。当供应商在遇到原材料短缺或其他意外事件带来的生产冲击时，GPO 也会在确保合同灵活性的前提下，允许供应商调整合同价格。

（四）供应商借助 GPO 推动创新技术开发与应用

借助 GPO 带来的各方面的效率提升，供应商可以将更多的时间投入到产品研发活动中，为医疗机构或其他机构提供服务。因为供应商的合同组合要接受 GPO 的屡次审查，这无形中成为促进供应商对产品进行更新换代和技术创新的重要推动因素，也使医疗机构获得最具创新性的技术成为可能。虽然 GPO 与供应商所签订合同的平均招标周期为 3～5 年，但如果要推广新技术，供应商可以和 GPO 通过简单的程序来重签谈判合同，或者在正常的合同周期之外通过谈判签订新合同，以说明其创新技术的价值。此外，HGPII 成员积极参与商业实践，有助于及时识别和采用医疗用品、医疗设备和医疗服务领域的新兴技术；参加各种供应商博览会，以提高对创新技术的认知。通过这种方式，供应商能够直接与 GPO 接触，还可借助 GPO 开发的个别品牌长期服务项目对新技术进行评估和指导，实施过程中已经积累了一定的成功经验。实践证明，供应商如果有效利用 GPO 及其提供的各种保障手段和措施，将有效推动新产品开发和技术革新。

（五）供应商借助 GPO 扩大产品销售范围

除了单一货源、双货源和多货源合同外，供应商还可以通过与 GPO 协商为医疗机构提供多个产品（捆绑销售协议），从而降低成本。例如，这类协议可能包括一份合同中来自同一制造商的系列产品，就纸产品来说，可以在一份合同中涵盖纸巾、面纸、餐巾纸和湿纸巾。捆绑协议使供应商与医疗机构的交易标准化，且不会对供应商的创新技术宣传造成障碍，供应商也可以向医疗机构出售协议之外的产品。

（六）供应商借助 GPO 给予中小型企业更多发展机会

中小型供应商借助 GPO 所提供的教育活动和商业策略，可获得更多发展机会。同时，由于医疗供应市场正在迅速扩大，GPO 之间竞争激烈，与传统 GPO 服务模式相比，新 GPO 往往会提出具有竞争性的新的供应链方案供供应商比较和选择，这种竞争促进了 GPO 业务模式和方法向多样化方向发展。供应商也会受益于 GPO 多样化发展，提高自身的服务效率。

此外，在应对新型冠状病毒肺炎等公共卫生威胁时，供应商通过与 GPO 的合作能够更好地为医疗卫生系统提供支持，持续地共同推动医疗系统提升效率。

三、供应商通过与 GPO 合作实现共赢

首先，供应商通过与 GPO 签订合同，提高了自身的可预见性和灵活性。上文

已经提及通过在供应商合同中加入供应失败免责条款，可以激励供应商生产足够数量的产品。同时，供应商可以对合同进行调整，确保合同具有一定的灵活性。当供应商遇到原材料短缺或其他生产冲击时，供应商与 GPO 的合作可以确定预期购买量，这有助于供应商实现预期的利润率，以继续生产供应。供应商也可以提前就需求与 GPO 进行广泛而深入的沟通，从而计划他们的生产能力，避免供大于求。在潜在的供大于求的情况下，供应商可以在 GPO 的帮助下保证采购量和利润率，从而使他们有动力继续生产保障供给。

其次，GPO 行业对开放、问责和商业道德实践的关注使得医疗供应链中所有利益相关方的采购过程更加透明。供应商在 GPO 的帮助下，可以提高新产品的知名度，并且通过谈判获得对接大量潜在客户的机会。随着间接费用和行政费用的减少或消除，供应商能腾出大量资源，专门用于新产品的研究和开发，供应商也越来越多地寻求 GPO 协助，使用 GPO 所提供的供应合同，参加 GPO 组织的产品交易会，利用 GPO 提供的产品转换升级和管理退税分配等服务，从而实现供应商与 GPO 的共赢。

第二节　供应商参与 GPO 的方式

不同类型的供应商期望通过参与 GPO 来获取更大的收益，但并非所有供应商都能轻易参与到与 GPO 的合作中，供应商需要满足多方面的条件，并通过 GPO 的价值评估才可以成功参与 GPO 的合作。本部分将主要说明供应商参与 GPO 所需的基本条件、评估要素，并详细描述供应商参与 GPO 合同签订的全过程，最后以 Premier 为案例，简述如何注册成为这个全美最大 GPO 的供应商。

一、供应商参与 GPO 的基本条件

供应商利用与 GPO 的合作可以降低成本、提高工作效率、带来更高的收益，加入 GPO 无疑是供应商的最优选择之一。但是，当供应商想要加入某一 GPO 时，必须满足 GPO 的最低标准和供应需求，否则将被拒之门外。不同 GPO 与供应商合作的最低标准和要求虽然不尽相同，但是有一些基本条件大同小异，具体内容见表 5-1。

表 5-1　供应商参与不同 GPO 合作的基本条件

基本条件	详细说明
企业合法	供应商企业必须得到美国联邦政府、州政府和地方政府的批准，即企业具有合法性，同时企业生产的产品必须符合联邦法律法规要求

续表

基本条件	详细说明
注册 GPO	供应商首先需要注册成为 GPO 的供应商，未注册的供应商则无权参加 GPO 的标准招标流程
全国销售服务	供应商需要具备一支能够及时为 GPO 会员医疗机构提供服务的全国销售队伍，可以为所有的 GPO 会员单位提供销售支持和服务（除非签订的合同是区域性合同）
专门客户服务	供应商必须具备一个专门的客户服务部门，能够及时应答并解决 GPO 会员单位医疗机构所提出的要求和问题，这对于顺利地谈判、执行和管理合同至关重要
全国分销范围	供应商的分销范围必须覆盖全国，以便为 GPO 的会员单位提供高效服务（区域性合同除外）
标准投标流程	供应商必须使用 GPO 规定的标准招标流程参与投标；同时，按照 GPO 规定的格式提交定价文件信息、电子产品目录、会员信息报告等相关文件
非排他性服务	供应商必须提供无市场差别的产品与服务，即面向 GPO 所有成员医疗机构单位提供同质化产品与服务，不能排除某些特定单位
合同承诺	供应商必须承诺在合同的有效期内保持在 GPO 市场的竞争力，包括合同定价及其他合同条款或约定条件
企业信用审核	供应商及其法人没有被联邦医疗保险计划或州保险计划排除，并且未出现在卫生与公众服务部监察长办公室（HHS-OIG）的制裁名单中
供应能力	潜在供应商必须具备相应的生产能力及分销能力，以满足 GPO 全国或地区会员的订单量，从而减少不必要的延误及延期交货情况
财务稳定	供应商必须证明其财务的稳定性及具备长期生存的能力。部分 GPO 可能会对此进行背景调查并取证，供应商应配合提供调查所需的必要信息

二、供应商参与 GPO 的评估要素

当供应商想要参与 GPO 时，GPO 在遵循 HGPII 制定的最佳实践要求的基础上，采用对所有供应商公平且包容的筛选方法确定供应商是否具备参与资格。GPO 会参考会员医疗机构的采购历史，利用 GPO 所收集的市场情报，按照类别编制供应商备选清单。除产品类别外，GPO 通常需考虑以下几个要素作为标准，以确定不同供应商的价值，从而筛选供应商。

- 供应商的信誉。
- 供应商品质。
- 产品种类的多样性。
- 产品质量和差异化。
- 产品的可用性和生产能力。
- 美国食品药品监督管理局（Food and Drug Administration，FDA）召回记录。
- 外部或内部包装上的产品标签现代化水平。
- 供应商为会员医疗机构提供增值服务的能力。

- 供应商满足招标截止日期和执行合同的能力。
- 供应商产品价格与市场价格相比更为合理。
- 是否愿意为 GPO 提供自有品牌产品。
- 产品与服务提供的可持续性及环保水平。
- 可以帮助 GPO 吸引新会员医疗机构的创新产品或服务。

三、供应商参与 GPO 合同签订的全过程

一般来说，供应商参与 GPO 有一个标准化的流程，首先，供应商需要报价、获取合同相关重要信息，按照标准提交标书，GPO 将对其进行审核，随后，双方将会就合同中不同方面的内容进行磋商，谈判结束后将由 GPO 供应商供应链委员会进行最终决策，对符合标准的供应商可授予合同，最后，双方依据合同内容履行合同规定的各项内容（图 5-1）。下面将对流程的各个环节加以说明。

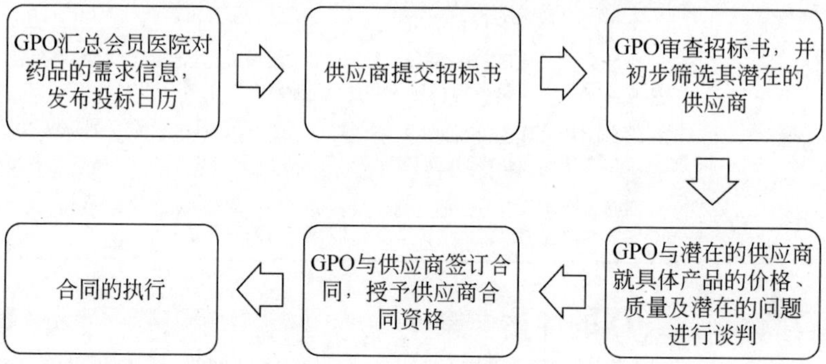

图 5-1　合同竞争流程

（一）获取报价与合同信息

具有较高市场占有率的供应商通常会被邀请提交报价，而那些已参与现有 GPO 合同的供应商会被提前告知合同即将续签的信息，销售代表也会将与 GPO 签订合同的机会告知供应商。此外，许多 GPO 也为新进供应商或拥有新产品的供应商提供申请流程。供应商可根据自身产品的类别等选择其感兴趣的 GPO，并及时关注该 GPO 的投标文件。GPO 会在其网站上发布合同投标日程表（bid calendar），其中列出了可以接受投标的合同类别，以及待定或已经结束的合同类别。若供应商想要投标的某个类别产品的系统是关闭的，则需等到下一个合同周期再提交投标书。除非供应商拥有的新产品在安全性、临床结果或运营效率等方面都比现有产品有显著优越性，即具有明显的创新性或具备新技术特征，

方可选择通过 GPO 的创新性条款来跨越投标日程表程序，提前进入 GPO 招标程序。

（二）提交标书

供应商在及时审查关注的投标日程表后，找出有意向的合同类别进行投标。供应商需在其希望参与的合同类别旁边选择“申请招标文件”（request for proposal，RFP）链接。合同投标日程表上注明了“RFP”的截止日期，即对于每个类别的合同都规定了 RFP 的返回时间表。如果供应商未在要求的时间范围内选择该类别的“RFP”链接，则该供应商可能会失去参与该特定投标周期的资格。因此，供应商应经常查看投标日程表以查看最新的更新。若供应商认为他们在签约过程中受到了不公平的对待，可以申诉。

（三）GPO 审查标书

供应商提交投标书后，大多数大型 GPO 在进行合同审查时都会向由临床医生、医疗机构和相关产品专家组成的工作组或工作委员会咨询。这些工作组负责通报 GPO 关于供应商选择和报价邀请书标准的决定，其结构与宗旨类似于单个医疗机构中普遍用来对投标产品进行评估的价值分析委员会。GPO 顾问和医疗机构的价值分析委员会会让利益相关方来全面评估是否采购新产品（如药品、医疗器械、固定设备）。不同的是，GPO 顾问除了组织内部的专家之外，还包括来自多个成员医疗机构的利益相关方。在考虑成员关系的情况下，GPO 也会在成员组织（如独立医疗机构）内部设置价值分析委员会，以确定（在与供应商最终确定 GPO 谈判的合同之后）采购产品组合中的哪种产品。在审查招标书时考虑的一系列标准包括但不限于供应商产品的质量、安全性、临床影响、成本效益、医师偏好、对环境造成的影响等因素。

（四）合同谈判

在此阶段，投标的供应商将会被 GPO 进行多方面审核，以确定其是否具备成为供应商的资质。在合同谈判之前，GPO 的咨询委员会会尽可能确定产品的总成本和价值，包括运费、分销成本及转换成本，然后根据其成员医疗机构的需求和偏好，结合市场评估信息，初步确定符合要求的潜在供应商。在供应商完成招标流程并被选中后，就可以进行更具体、更详细的合同谈判，包括合同期限和价格要求、商业和法律要求的相关条款，以及是否允许在地方级别（即与单个医疗机构）进行额外的产品、服务采购或价格谈判等问题，最终达成协议。在整个决策过程中具有一定权重的关键标准，主要包括供应商的规模、产品多样性、产品类型、质量和相关服务、价格竞争力、市场份额、成员的接受度，以及供应商的配送能力、销售水平、财务状况、法律和监管情况等，同时供应商与 GPO 是否存在合作史也对决策有一定影响。

（五）合同授予

在合同谈判结束后，供应商能否获得 GPO 供应商的资格取决于 GPO 的供应链委员会。供应链委员会综合考虑咨询委员会所提供的有关成本、需求等方面的战略建议，以及其他相关因素，最后确定授予合同的供应商名单。

（六）合同执行

在合同授予后，供应商需要承诺在合同的有效期内持续保持在市场中的竞争力，包括合同中的定价及其他条款，并严格遵守。同时，供应商的创新产品、技术还会受到 GPO 的关注，在提交后会对供应商及时进行审核评估，并通过重新签订合同或签订新的合同保证供应商的创新产品、创新技术迅速进入医疗机构，保障供应商的创新研发动力。

四、不同类型的供应商参与 GPO

根据不同的分类标准，可将供应商划分为不同类型。根据其生产销售的产品，可将供应商分为药品、医疗器械、办公用品和膳食等类型的供应商；根据其生产销售产品的性质，可以将其划分为创新型产品供应商和传统型产品供应商；在美国文化背景下，根据供应商所有者特征，可将其分为妇女、少数族裔、退伍军人和性少数群体供应商（lesbian，gay，bisexual and transgender，LGBT）。由于供应商所生产的产品类别不同，其销售的渠道、方式不尽相同，因此在参与 GPO 时考虑的因素也截然不同。下面分别按照产品类别和产品性质的不同介绍供应商参与 GPO 的情况。

（一）不同产品类别的供应商参与 GPO 的情况

1. 药品供应商 制药行业包括从事化学合成和生物药物研究、开发、分销和支付的企业或公司。本书中所指的制药行业既包括传统上专注于开发或生产化学药品的制药公司，也包括开发或生产生物制剂的生物技术公司。在美国，医药产业一直以来都是其支柱产业之一，也是与美国 GPO 合作供应商单位的主体。美国的药品流通主要是由制药企业和药品批发商流向药品零售单位。美国药品生产商作为药品流通过程的首要环节，主要负责药品的研发、销售与推广，几乎不直接参与患者的购药过程。与药品生产商对接的一般是药品批发商及药品福利管理机构（pharmacy benefit management，PBM）。

专利药品和仿制药的供应商在参与 GPO 时，其竞争动力不同。生产专利药物的供应商因其药品受专利或排他性保护，拥有垄断定价权，因此 GPO 与其谈判的空间不大。相反，仿制药的供应商，由于其药物产品在价格上需要与同类品牌或其他仿制药商竞争，所以在与 GPO 进行谈判时，需要对仿制药的价格进行商议。创新药和仿制药的供应商参与 GPO 时也存在一定差异。

2. 医疗器械供应商　一般来说，医疗器械是用于“诊断、治疗、缓解或预防疾病”的物品，不被身体吸收或代谢。广义来说，医疗器械既包括乳胶手套、注射器等常用医疗用品，又包括先进的成像设备和心脏除颤器等植入式设备。各式各类的医疗器械在医疗服务中广泛应用，在提高诊断和治疗疾病的能力方面发挥着至关重要的作用。医疗器械供应商获得 FDA 的许可后，即可销售其产品，主要销售市场是医疗机构，而不是个体消费者。所以医疗器械供应商的主要渠道是通过 GPO 进入更多的医疗机构市场中。

医疗设备的市场动态因设备而异，医疗设备按照科技含量可分为两类：传统设备和高科技设备。传统设备如外科手术服、常规伤口敷料和外科手术托盘等。高科技设备包括植入式医疗设备（implantable medical device，IMD）、特种类型的手术器械等。IMD 是医疗器械行业的一部分，近年来备受关注。IMD 包括起搏器、冠状动脉支架、人工髋关节和膝关节，以及人工晶状体等设备，在外科手术中应用较多，最昂贵的器材主要是骨科植入产品（髋关节和膝关节）和心脏植入设备（起搏器和支架）。部分价格昂贵的 IMD 的购买价格可以占保险公司支付给医疗机构的手术费用的 30%～80%。

传统设备的制造工艺较为简单，新的供应商很容易进入市场，不同产品间差异性相对较小（如医疗机构可以很快适应从一家公司的产品换为另一家公司的产品）。传统设备的供应商处于一个更接近完全竞争的市场状态中，需要保持一个较低的价格水平才能赢得医疗机构的青睐，利润率相对较低，供应商需要大批量的订单才能获得更多利润。因此，在与 GPO 合作时，需要大批量、长期供应的订单确保供应商获取足够利润。

而高科技设备的市场则截然不同。新的高科技设备供应商很难进入该市场，存在市场价格不透明、产品市场竞争性较低等现象，GPO 为医疗机构提供标准化服务，可以通过大幅度改善供应链效率低下的途径降低费用，推动创新产品快速进入市场，扩大其市场份额。

（二）不同产品性质的供应商参与 GPO 的情况

传统型产品供应商参与 GPO 的模式与过程无特别之处，但生产创新型产品的供应商会签订差别化的合同。大多数 GPO 会将创新型医疗产品视为特殊情况而签订非招标合同（non-bid contract），以保障特殊类型医疗产品的供给。该类供应商通过 GPO，一方面可将创新型医疗技术、产品推向市场，另一方面可获取创新型产品、技术和服务研发所需的平台。同时，许多的 GPO 都具备支持创新型产品、技术研发的环境，如 Premier 公司设有技术突破（technology breakthroughs）项目，如果供应商的某一新产品在安全性、临床试验结果或运营效率方面都比现有同类产品有显著优势，便可以通过 GPO 的特别项目或特殊程序提前进入招标程序。

GPO 帮助供应商推广产品的特别项目与活动

GPO 还会通过特别项目或召集供应商与会员医疗机构会面，并指导帮助与其有合作关系的供应商将其产品推向全国市场。

例如，大型 GPO 组织 Premier 有一个专门推介新产品、新技术的技术突破项目，供应商提供的新产品如果确实在安全性、临床结果或运营效率等方面比现有产品有显著提高，则可以申请参与 Premier 的技术突破项目。该项目全年对供应商开放，支持供应商持续参与，打破标准审查周期的固定安排，允许供应商在标准投标周期之外签订新合同。该项目实施后已经带来了几十项创新，迄今为止 684 项新技术接受审查，仅 2019 年就有 71 项接受审查。Premier 的技术突破见面会每年召开一次，组织供应商与 Premier 的会员医疗机构定期联系、会面，帮助供应商及时向医疗机构推广新产品、新技术。

此类为新技术、新产品开辟特殊通道的做法并非 Premier 独有，很多大型 GPO 同样采用此类方法帮助供应商推广新技术和新产品。例如，美国另一家大型 GPO 组织 Vizient 也每年举办一次供应商和诸多医疗机构齐聚的创新技术交流活动，展示与其有合作关系的供应商所提供的近百种新产品和新技术。HealthTrust 每两年举办一次创新峰会，并设立在线创新中心，为供应商提供访问权限，可供其提交任何新产品或新技术以待评估，该网站每年会审查几百个提交的创新项目。

美国政府问责局（GAO）的报告指出，当供应商的产品被确定为创新性产品时，GPO 选择产品合同过程的持续时间会明显改变。GPO 会加快或改进其选择流程。大多数 GPO 并没有单独选择创新技术的流程，但是报告中说，与其他产品相比，通常选择这些创新性产品的时间更短。GPO 会不断审查他们的合同组合，以确保其成员医疗机构获得最先进的创新技术。尽管 GPO 的平均招标周期为 3～5 年，但 GPO 可以通过简易的程序来重新签订合同，或在正常的合同周期外签订新合同，以便将供应商的创新产品、技术及时应用于医疗机构。图 5-2 显示了所研究的 7 个 GPO 中选择产品的平均最短时间、一般时间和最长时间。

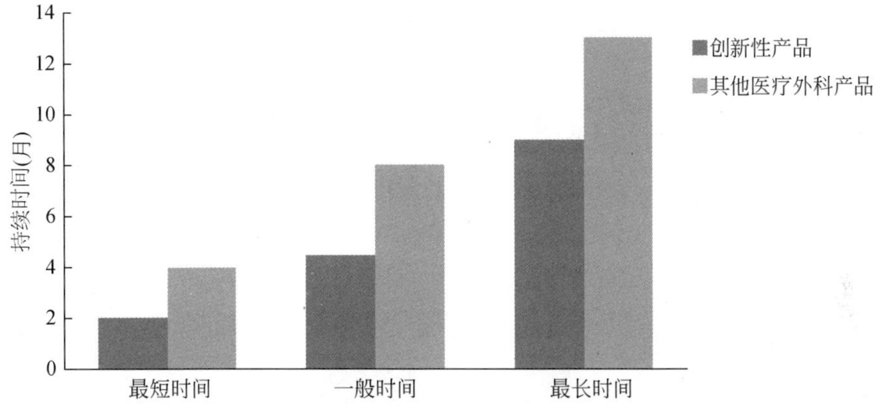

图 5-2　GPO 产品选择过程的平均持续时间

另外，针对创新性产品，选择 GPO 的单一货源合同是一个非常好的策略。签订单一货源合同的前提是遵守严格的竞争性招标流程，符合非排他性的合同标准。在此前提下，批准一定数量的符合这些标准的单一货源合同，其中绝大多数代表的是专利产品或某产品的独有供应商，包括专利药品或创新技术。这些合同通常允许通过不断的审查后，在创新或多样化的基础上引进新的供应商。

（三）小型和多样化供应商参与 GPO

多样化供应商通常包括但不限于由妇女、少数族裔、退伍军人和性少数群体拥有的供应商。2014 年，多样性企业的年收入估计为 4170 亿美元，雇佣近 400 万工人，而女性企业雇佣约 1900 万工人，年销售额为 2.5 万亿美元。从历史数据来看，少数族裔和女性拥有的公司的发展过程中在人力资本、财务资本、技术或传统关系方面一直面临各种挑战，这些将影响他们的品牌在市场上的销售份额。在医疗保健供应链中增加包容性是一个一直存在的挑战。GPO 致力于通过各种努力促进供应链中多样化供应商发展，并设有专门的供应商及多样化工作人员。许多 GPO 组织实施广泛参与的系列教育活动和商业策略，旨在为该行业中代表性不足的小型供应商创造机会。

小型和多样化供应商

小型和多样化供应商必须获得第三方认证，首先确认公司所有者是美国公民，并符合以下一个或多个分类标准。

1. 少数族裔企业（minority business enterprise，MBE）是指由非裔美国人、西班牙裔美国人、亚太裔美国人、亚裔印第安人、美国原住民或退伍军人拥有、经营或控制至少 51%股份的企业。

2. 妇女企业（women business enterprise，WBE）是指由非少数民族妇女拥有、经营或控制至少 51%股份的企业。

3. 退伍军人就业和培训企业（veterans employment and training，VET）是指在数据库中注册并显示为由退伍军人和（或）服务残疾退伍军人拥有、经营或控制至少 51%股份的企业。

4. 小企业（small business enterprise，SBE）是指符合美国小企业管理局制定标准的企业。

五、成为 GPO 供应商的方法——以 Premier 为例

Premier 在美国的医疗供应链协会中具有重要影响，其年交易额超过 610 亿美元，2006 年获得马尔科姆·鲍德里奇国家质量奖，连续 13 年被评为全球最具道德操守的公司之一，是唯一一家连续 14 年在实践绿色健康中被评为环境改善出色的公司。供应商与 Premier 合作的每一个步骤中，Premier 都致力于为双方增加价值，与供应商和卫生系统保持强有力的互利关系。

供应商首先需要在 Premier 的官网上完成注册，并通过供应商竞价门户网站介绍自己的产品或服务。随着合同机会的出现，新申请的供应商和现在正在与 Premier 合作的供应商进行投标登记，授予过程通常需要一年。需要注意的是，填写 Premier 的产品介绍表格并不保证供应商将获得团购协议，最终将由 Premier 成员委员会决定供应商是否获得合同。供应商要成为 Premier 等 GPO 组织的供应商，需要经历以下步骤。

（一）注册

（1）供应商填写登记表，开始准备与 Premier 签约，然后等待确认邮件。

（2）如果供应商获得批准，将收到一封包含用户名和临时密码的电子邮件，以便通过 PASSport 向 Premier 介绍自己的产品或服务。

PASSport

PASSport是一个基于网络的电子采购工具，用于集中管理所有采购和招标活动，拥有一个系列的关于如何浏览电子采购应用的指导服务模块。

（3）供应商使用通过电子邮件收到的用户名和临时密码登录（见步骤 2）PASSport网站，登记相关类别投标，然后创建永久密码。

（4）供应商浏览PASSport并在适用的合同类别中注册。需要注意的是，并非所有类别合同都可以注册。如果当前选择的类别是封闭、不开放的，须在预期的投标季度开始之前注册。

（二）获得合作机会

Premier的“合同投标日历”（contract bid calendar）”反映了计划投标的实时产品类别，包括清晰准确的产品类别说明、进行投标的日历季度和每个投标的当前状态。为了增加与Premier签订合同的机会，供应商需要及时了解合同投标的日程安排。创新性产品和技术可以不受合同投标日历周期限制，提前投标。但GPO会对创新性产品和技术进行严格审查，以确保它们在安全性、临床结果或运营效率方面都有显著优势。Premier的技术突破计划在2019年共审查了71项新产品和新技术，使之提前进入投标周期。

小型和产品多样化的供应商可以和Premier签订短期合同，并且可以借助Premier的能力获得Premier提供的教育和培训服务，这可以帮助少数族裔、妇女、退伍军人和小型商业企业，以使其与现有商业基础设施和能力相称的速度发展。

（三）评估产品

供应商可以使用PASSport来查找并参与合同投标日历有关的采购和投标周期活动。供应商提交PASSport后，Premier的相关工作人员将会收集有关市场、供应商、成员单位购买方式和临床偏好的数据和信息，并对产品进行全面评估，不仅涉及价格，而且还会检查产品功效、有效性、可靠性、可比性、环境影响和应用，也会考虑正在研发中的相关产品。

1. 选择产品的标准 Premier成员通过产品服务线的采购委员会决定哪些供应商和产品可以被授予合同。选择标准由对所审查的产品类别具有专业知识的成员设计，可能根据产品类别的不同而有所不同。在确定、审查和选择新产品或技术时，会考虑一系列标准，其中质量、安全、临床影响、成本效益、医师偏好、对环境造成的影响、多样性、突破潜力等因素需要提前纳入考虑。因此供应商会根据制订的标准规范自己产品的质量，进而满足 Primier 的准入原则。

2. 选择产品的原则

（1）标准化但不失灵活：合同产品的最终选择涉及许多因素，最好的临床和市场知识及专家评审为 Premier 会员医疗机构提供他们需要的信息，以帮助其做出合理的产品选择。

（2）证据支撑：产品必须经过 FDA 批准，并证明它们能够安全有效地发挥其设计的主要功能。Premier 会整合多方资源收集关于产品的信息，包括在同行评审的专业期刊上发表的随机对照试验、案例研究、市场指南或产品比较、现场试验、临床人员调查、质量监控、客户满意度数据和财务数据，并证明产品能以安全有效的方式发挥其主要功能，以及供应商财务状况的数据等，这些内容均在 Premier 收集的范围之内。此外，Premier 的安全机构可能会评估产品相关的信息或数据，包括患者和生产工人的安全，以及环境问题。

（3）指标驱动：产品的功能必须有能够客观测量的指标。

（4）透明性：Premier 的最终目标是确保无论公司的规模、产品线的广度或与 Premier 的关系如何，所有的供应商和产品都能得到一致、及时和公平的考虑和评估。

（5）动态性：Premier 的产品选择取决于其会员医疗机构不断变化的需求。

（6）多样性：与 Premier 合作的供应商不一定需要具备在全国范围内提供产品的能力，所以对于区域性的供应商来说，同样有机会与 Premier 签约。Premier 鼓励维护来自小型和多样化供应商的利益。

（7）相互依存：产品评估或合同决策不是凭空做出的，Premier 依靠其成员的意见做出有关新产品类别和个别合同的决定。由临床医生和其他人员组成的会员委员会定期召开会议，审查新产品、拟议合同。

（8）道德驱动：Premier 完全认可并支持医疗卫生集团采购行业行为准则。该准则强调了 Premier 的承诺，即帮助医疗卫生系统的供应商以合理的成本提供最优质的医疗卫生服务，并以符合道德和公平的方式成为医疗市场的参与者。

（四）授予合同

供应商与 Premier 在合同谈判阶段结束后，其结果将会由不同的 Premier 成员采购委员会审阅。这些委员会由 Premier 的成员医疗机构和其他机构人员组成，将确定授予哪些供应商合同。如果某供应商被授予了协议，则 Premier 的会员将可以访问该供应商与 Premier 商定的特别谈判价格和条款。Premier 会员医疗机构将根据自己的需求和其他因素自行决定是否行使购买合约产品或服务的选择权。

Premier 制订的供应商投诉或咨询政策（vendor grievance/inquiry policy）使供

应商可以访问 Premier 的签约工作人员和领导，以解决有关签约流程和合同授予决定的问题、不满或投诉。供应商也可以提交与合同过程或授标决定有关的查询请求。供应商提交的有关问题、不满和投诉将由供应商申诉审查小组进行审查，经成员采购委员会批准后决定建议的行动方案。在供应商申诉程序完成后，供应商可以通过 HGPII 独立评估程序（HGPII 评估）要求进一步审查任何未解决的问题。

第三节　供应商实现利益的策略与做法

GPO 发展日趋成熟和完善，美国供应商为了在不断变化、竞争激烈的市场中确保合理利益、免于被市场淘汰，往往采取多种应对策略与措施。本节将主要介绍美国供应商参与 GPO 过程中的策略与做法。

一、供应商密切关注 GPO 的运行政策，及时调整应对

GPO 的快速发展不仅优化了医疗供应链，在医疗控费方面也发挥了积极作用。但是在 GPO 的发展进程中也产生了很多问题，如资金管理问题、市场竞争及垄断问题、行业规范及道德问题等，这些问题的出现促成了相应法律及政策的出台和不断完善。作为 GPO 合作伙伴的供应商会密切关注 GPO 的运行政策并及时调整，确保其自身利益不会因为 GPO 政策的变化而受损。

联邦政府规定 GPO 必须在监管机构和法律法规的范围内开展一切活动，因此 GPO 运行政策环境的动态调整已经成为一种常态。供应商作为 GPO 重要利益相关方之一，会密切关注 GPO 运行的政策环境，及时捕捉新出台的法律及行业规定，以及部分政策调整，并深刻解读其核心内容及其所释放的潜在信息，有利于供应商规范自身行为，发现潜在的商机，实现利益最大化。此外，供应商关注部分政策调整可以及时了解其是否会对自身的既得利益带来负面影响，及时提出应对策略，减少潜在损失。

二、供应商根据自身特点选择合适的 GPO

在过去的几十年中，GPO 的数量不断减少，但是规模越来越大，GPO 之间的重组合并越来越频繁。不同的 GPO 根据其规模大小、所有权类型的不同，为成员医疗机构所提供的产品与服务类型也具有较大差异。因此供应商往往倾向选择与会员单位多、需求量大的 GPO 合作，尤其是对于生产传统医疗器械、仿制药的供应商，与 GPO 签订长期、大量供应协议至关重要。

供应商种类繁多。根据竞争力大小的不同，供应商可以分为龙头型、细分市场领先型、成长型等；根据供应产品的不同，供应商主要分为药品供应商、器械

供应商、办公用品供应商等。不同类型的供应商通常从自身实际出发，结合产品类型、临床应用价值、销售渠道、产品市场竞争力、产品或技术的创新性程度、其所处的政策环境及潜在市场份额等因素加入适合自身发展的GPO，目的是提高效率、降低成本、提高销售量，以获得相应的利益及长远的发展。总体上看，GPO是先汇总其成员单位的购买数量，然后与供应商进行谈判。GPO成员的规模越大，其高度集中的购买力越强。团体购买促使需求量增加，边际成本降低，使得供应商生产更多的产品，而供应商将会从大规模的生产、销售中获益。

三、供应商通过不同机制合理确定产品价格

随着GPO采购份额逐步加大，产品能否顺利中标将直接关系到供应商的生存与发展。但是投标价格并不是影响中标的决定性因素，产品的质量也影响着中标与否。供应商在与GPO谈判定价之前，通常会深入分析自身产品质量、市场竞争力、是专利产品还是仿制产品。生产具有专利或排他性保护的药品公司拥有垄断定价权，除非有相同功效的替代药品出现。专利药物公司会考虑治疗替代品的可用性和价格、潜在的市场规模、相对于竞争对手的药物感知价值，以及决定新药价格时的其他因素。相反，仿制药在价格上与其他品牌的同一种成分的药品或其他仿制药商竞争，故仿制药公司主要在价格上进行竞争。另外，供应商会通过各种渠道了解竞争对手的投标价格情况，科学定价而不是通过盲目追求低价以提高中标机会，自然也不会盲目以提高价格的方式提升自身利益。而是遵循价格适中、以质论价的原则。

供应商可以提供较低的价格，以其作为提高使用率的竞争策略；或者为高影响力的临床医生提供先进医疗技术和研究机构提供较低的价格，以其作为宣传其产品的一种方式。对于使用量超过最高级别数量上限的医疗机构，供应商也可以考虑“超出最高级别的定价”，视具体情况而定。

四、供应商选择适合自身特点的合同策略

不同类型的供应商会根据自身特点选择合适的合同策略。希望提高市场占有率的供应商会更多地选择单一货源合同；对产品或服务有特定购买量的供应商会选择承诺条款；需要拓宽产品市场类型的供应商可以选择捆绑销售；为保持市场占有率和稳定性的供应商可以签订期限长的合同。供应商无论选择哪种合同策略，其最终目的是实现自身利益的最大化。

（一）单一货源合同

单一货源合同将特定产品的销售专有权授予几家类似产品的供应商之一。经

济学文献中提出，买方有时可以通过预先承诺限制供应的数量来加剧供应商之间的竞争，从而获得较低的价格。大多数情况下，供应商与 GPO 签订单一货源合同，其产品的降价幅度很大，最终使购买方受益。额外节省的原因是单一货源的 GPO 竞标加剧了供应商之间的预先竞争，但是却提高了签约供应商的市场占有率。

（二）承诺条款

GPO 合同可能包括“承诺条款”，承诺是指 GPO 或供应商设置的某产品或服务指定的购买量，当 GPO 的会员（如医疗机构）满足该购买量的百分比时，将会获得更大的价格折扣。承诺购买数量越多，价格越低；承诺购买产品百分比所占需求总量的百分比越高，价格越低。通过承诺，供应商向医疗机构提供额外的奖励，同时带来了广阔和稳定的销售市场。

（三）捆绑销售

捆绑销售是将价格折扣与购买特定的一组产品联系起来的销售方式。一种类型的捆绑是来自一个供应商的产品组合。这种模式对供应商来说是有利的，因为它允许增加捆绑产品的销售量，而这些产品可能不适合作为独立产品。另一种类型的捆绑是来自两个或多个供应商的产品。此外，合同还可以捆绑配套产品，如医疗机构手术室使用的防护帽和鞋套，而其他合同可以捆绑不相关产品。购买不相关产品捆绑销售的医疗机构将获得捆绑中所有产品的价格折扣，同时也有助于供应商开拓其生产的其他类别产品的市场。

（四）供应商签订长期限合同

期限长的合同代表与特定供应商建立长期业务合作，有些合同有效期可达 5 年甚至更长时间。有时集体采购是长期进行的，这意味着所签订的合同要保证某种产品几个月甚至几年的供应，这种合同有利于提高供应商的市场占有率和生产的稳定性。

五、注重新产品研发和升级

对于供应商来说，提高创新能力非常重要。原研产品、专利产品会凸显供应商在 GPO 采购中的优势，从而使其在激烈的市场竞争中脱颖而出。医药产业是一个高投入、高回报、高技术含量、高度集约化和国际化的产业，医药产业的竞争实质上是创新能力的竞争。一个企业是生产仿制药还是自行研发并生产新药，将会产生不同的投入产出比：研发新药投入资金多，周期长，但原研药、专利药受产权保护，可获得较高定价，有更大的利润空间，一旦获批上市，将会获得专利权或市场独占期，产生明显的经济效益，提高市场占有率。除通过专利和市场排他性激励药物开发外，联邦政府还直接支持新药研究，通过美国国立卫生研究院（National Institutes of Health，NIH）等机构的拨款，以及对开发新药的公司减免税收等方式间接激励新药的研究开发。因此，有一定实力的供应商通常将新产品的开发能力、新技术的创新及运用能力作为企业的核心竞争力，这样也有利于自身长期稳定的发展。

六、通过 GPO 深入了解临床需求

GPO 通过分析其成员医疗机构的采购历史记录编制潜在的供应商名单。如果相当大的一部分成员使用的是同一供应商的产品，则 GPO 更倾向将该供应商纳入考虑范围。同时，GPO 还会从医疗机构征求医生和专家的专业意见，作为 GPO 专家意见的有力补充。

供应商与 GPO 在合作的同时也进行一系列的博弈，GPO 出于为其成员医疗机构节约成本的目的与供应商进行谈判，当供应商之间的产品差异不大的时候，GPO 就有较强的议价能力；当供应商之间的产品差异较大，或有医疗机构某些医生偏好的项目，GPO 与供应商的议价能力则会减弱。IMD 就属于差异较大的产品，供应商将其设备与竞争对手的设备区分开来，会产生特定的产品差异。例如，不同公司的膝关节植入产品的特征和功能都可能不同，医生在植入不同产品的时候用的技术也就不同，这时医生对于这些产品的购买决策就会有重要的影响。因此，在医疗器械领域，供应商通过与 GPO 的合作，借助 GPO 的推介，加强与用户医疗机构医生的接触和联系，了解医疗机构医生对产品功能、设计的想法和偏好，把这种偏好注入新产品的开发或已有产品的改进中，这样不仅促进了产品的更新升级，也将自身生产的产品与竞争对手的产品区分开来。通过差异化战略，既可以在一定程度上保住供应商的市场份额，也为与该医疗机构相关 GPO 谈判增加了筹码，同时也为医生开展医疗服务提供了便利，一举多得。

七、成立与 GPO 对接的专门机构

与 GPO 进行交涉并确立合作关系，对于供应商来说是一项极其重要但繁冗耗时的工作。在供应商与 GPO 确定合作关系之前，供应商应预先确定并解决可能存在的障碍因素，以保证在与 GPO 合作时，可以更加轻松地避免瓶颈延迟（bottleneck delay）和成本超支等问题，从而保持自己的竞争力。如果只由一两位员工负责此项工作，难免会出现纰漏，因此对于供应商来说，有必要成立专门与 GPO 对接的机构，并配备足够的人手和物质资源，负责从接收招标文件开始到文件研读分析、

编制高质量的投标文件、招标结果反馈、其他关键消息获取及确认中标后的具体操作步骤等业务内容。整个环节都需安排相应人员把控调节，明确每个人员的责任，同时要求对整体工作把握到位并及时反馈问题加以应对，这样能明显提升合同授予机会。具体做法如下。

（一）配备熟悉 GPO 的专业人员

当供应商的产品或服务满足 GPO 的基本条件时，拥有 GPO 领域相关专业的人才成为供应商不断发展的战略支撑。在选择 GPO 时，供应商会根据企业类型及产品或服务进行选择和调整。在此之前，供应商企业内必须具有了解 GPO 市场的专业人才，这会使供应商做出更加适合自己企业的选择，从而增加成功的机会。

（二）了解监管环境、结构和业务流程

各地都有独特的管理其境内临床和商业医疗保健活动的规章制度。供应商在配有 GPO 相关工作人员的基础上，与监管机构、GPO 组织及其他监管部门取得联系，这有助于供应商招标文件审批流程的顺利进行，并且一旦供应商的产品获得许可，就可以加快其产品或服务进入市场的速度。

（三）熟悉临床需求

供应商通常按照产品类型与医疗机构性质、类型的不同分配销售代表并开发市场宣传材料，也会经常向有经验的护士、医生、药剂师等医疗服务提供者进行专家咨询，目的是以满足临床需求为中心，协助供应商改进产品和服务。同时帮助供应商发现临床需求的空白点，为新产品、新技术研发提供思路。供应商在研发新药物、设备时，会围绕临床医护人员的需求、在 GPO 组织中的角色等开展，基于上述因素开发的产品和服务会易于被 GPO 接受。当然，有些产品和服务并非越“新”越好。某些药物、医疗设备和操作流程已经使用了数十年。考虑到简单、实用、经济等方面的因素，供应商可以对这些基本的药物和设备进行升级，以满足当下的需求。

（四）熟悉 GPO 销售流程

不同 GPO 的供应链结构不尽相同，加入 GPO 之前，供应商一般会充分了解、熟悉并适应 GPO 的各种贸易过程。根据 GPO 的采购流程、物流等调整自己的运营模式，并且尽量简化医疗机构使用产品和服务的方式。此外，供应商通常借助大型 GPO 在电子商务技术及应用方面所投入的大量资源，如在线合同及价格管理

软件服务、独立的电子商务平台（如全球医药交易中心）等，进一步完善企业网上产品供应功能，逐步建立起融供应商、GPO 相关资质及医疗机构药品采购情况等信息为一体的平台系统，在降低企业交易成本的同时，保证投标信息的公平、公正、公开，方便接受公众监督；在保护患者利益的同时，提升自身口碑，形成良性循环。

八、有效利用 GPO 申诉程序

在合同授予各个环节中，如果供应商对 GPO 的处理存在疑义，可以在合同授予后的 30 天内提出申诉，以维护切身利益；还可以利用 HGPII 的正式申诉程序维护自身利益。此外，申诉也可以帮助供应商了解未能获得合同授予的原因，这一信息对供应商如何改进及应对所出现的问题至关重要，也为增加供应商下一个 RFP 周期获得合同的机会提供重要信息。

供应商的权利保障

HGPII 设立独立评估流程来处理供应商的投诉。HGPII 仲裁程序可以帮助供应商对其成员的合同流程、成本或费用结构进行审查。此外，HGPII 还通过成立美国仲裁协会（AAA）和独立的商业道德专家小组支持 HGPII 努力促进整个行业合规化，同时使供应商的利益也得到保障。供应商保障权利的另一个做法是承诺程序（committed program），供应商可以通过提供低价、预先储值和奖励金等方法，确保医疗机构通过承诺的合同组合预先购买一定比例的年交易量。GPO 也会尽可能保护供应商的应有权利，如为没有获得合同的供应商提供申诉程序。当供应商没有获得合同并且想知道失败原因时，GPO 会有工作人员向供应商解释原因，并就如何改变提出建议，以增加供应商在下一个公开招投标周期中获得合同的机会。

小　结

GPO 服务于医疗卫生系统已有一百多年的历史，他们提供的服务对于提高医疗产品供应商的有效运作、扩大供应商的采购量、采购规模、减少复杂的采购环节等方面具有至关重要的作用。除了医院，越来越多的长期照护、家庭护理等机构尝试通过 GPO 来帮助自身降低成本和提高效率。

供应商通过参与 GPO，一方面可以有效增加市场份额，另一方面也有助于供应商与 GPO 的会员医疗机构发展和建立关系，通过提高效率、降低销售成本，实现经济效益。供应商还可以利用 GPO 提供的数据、信息、成长机会、教育培训和合作发展等服务来提高市场信誉与口碑。GPO 的行为准则、创新合同流程与不可或缺的增值服务巩固了供应商和整个医疗卫生服务体系之间的关系。

随着医疗服务系统的不断发展，GPO 成为供应商重要的合作伙伴的趋势不可逆转，因此，更大限度地参与到以 GPO 为中介、与医疗机构共同建立的供应链及产品和服务模式中是供应商的必然选择。

参 考 文 献

Burns RL, Yovovich R, 2014. Hospital supply chain executives' perspectives on group purchasing: Results from a 2014 national survey. [2020-10-24]. https://www.supplychainassociation.org/wp-content/uploads/2018/05/AHA_AHRMM_Wharton_2014_Surve.pdf

Dan O, Jon L, Russell A, 2017. Group purchasing organizations: How GPOs reduce healthcare costs and why changing their funding mechanism would raise costs. A Legal and Economic Analysis. [2020-10-24]. https://www. ftc.gov/system/files/documents/public_comments/2017/12/00222-142618.pdf

Dobson A, Heath S, Reuter K, et al, 2014. A 2014 update of cost savings and marketplace analysis of the health care group purchasing industry. [2020-10-24]. https://www.supplychainassociation.org/wp-content/uploads/2018/05/hsca_cost_savings_group_purchase.pdf

Government Accountability Office, 2003. Group purchasing organizations: Use of contracting processes and strategies to award contracts for medical-surgical products——Testimony before the Subcommittee on Antitrust, Competition Policy and Consumer Rights(GAO-03-998T). [2020-10-24]. https://www.gao.gov/assets/90/82028.pdf

Goverment Accountability Office, 2017. Drug industry: Profits, research and development spending, and merger and acquisition deals. [2020-10-24]. https://www.gao.gov/assets/690/688472.pdf

Healthcare Group Purchasing Industry Initiative, 2017. Supplier diversity business practices in the healthcare industry. [2020-10-24]. https://hgpii.com/wp-content/uploads/2017/06/Supplier-Diversity-Best-Practices-Whitepaper-Final-20170320.pdf

Healthcare Group Purchasing Industry Initiative, 2020. Healthcare group purchasing industry initiative. Fourteenth annual report to the public. [2020-10-24]. https://hgpii.com/wp-content/uploads/2020/02/2020-HGPII-Annual-Report-Final.pdf

Healthcare Supply Chain Association, 2020. HSCA releases third annual report on value GPOs deliver to the healthcare supply chain. https://www.supplychainassociation.org/2020/03/24/hsca-releases-third-annual-report-on-value-gpos-deliver-to-the-healthcare-supply-chain/

Medicare Payment Advisory Commission, 2017. Medicare and the health care delivery system. [2020-10-24]. http://medpac.gov/docs/default-source/reports/jun17_reporttocongress_sec.pdf

Robinson JC, 2008. Value-based purchasing for medical devices. Health Affairs, 27(6), 1523-1531

Safaei AS, Heidarpoor F, Paydar MM, 2018. Group purchasing organization design: A clustering approach. Computational and Applied Mathematics, 37(2): 2065-2093

Schneller ES, 2009. The value of Group Purchasing-2009: Meeting the needs for strategic savings. https://www.supplychainassociation.org/wp-content/uploads/2018/05/schneller.pdf

Scott JG, Voorhees JS, Angel M, 2014. GPOs helping to increase efficiency and reduce costs for healthcare providers and suppliers. www.modernhealthcare.com/assets/pdf/CH969151021.PDF

Weinstein BL, 2006. The role of group purchasing organizations(GPOs) in the US medical industry supply chain. Estudios De Economia Aplicada, 24(3): 789-802

第六章
美国 GPO 的成效与挑战

第一节　美国 GPO 的成效

自 1910 年美国成立第一个 GPO 以来，美国 GPO 在 20 世纪得到了快速的发展，其重要性也日益提高，经历了从单纯数量上的高速增长到 GPO 间的整合并购，再到增值服务数量和种类扩大的内涵式增长阶段。从 20 世纪 70 年代开始，医疗费用的急剧上涨、医保付费方式的变革及医疗机构降低成本的压力不断增加，推动了 GPO 的快速发展。1974 年，美国 GPO 总数仅有 40 个。此后 3 年，GPO 的数量翻了 2 倍。20 世纪末期，美国 GPO 市场出现大规模的合并，GPO 集约化发展及行业内良好的行为规范使 GPO 市场具有良好的竞争力，为美国的医疗机构节约了大量的成本。GPO 专业化的操作及明确的分工使医疗机构不必陷入复杂的物料采购中，这推动了美国医疗服务的有效供给。2018 年，美国几个大型 GPO 的市场渗透率为 45%～83%，平均市场渗透率为 60%，医院购买总量的 72%～80%通过 GPO 实现。

GPO 提高了美国供应链的效率，为美国医疗卫生机构提供了多种医疗卫生产品和服务；通过降低采购交易成本和医疗产品价格，为美国医疗卫生机构、患者和纳税人节省了大量资金，促进了医疗卫生服务和产品招标市场的竞争；在提高医疗产品质量、保障医疗产品安全方面发挥了重要作用，并通过提供各类增值服务提高了医疗机构的服务效率。

一、GPO 降低了美国医疗卫生服务的交易成本，节省了医疗费用

医疗卫生机构通过 GPO 可以降低医疗产品价格，从而降低采购成本，节省医疗费用是 GPO 可以在美国生存、发展的市场基础。亚当 • 斯密经济学中“看不见的手”理论的贡献之一是揭示市场经济的好处源于分工协作、比较优势的发挥，可以使稀缺资源获得更大产出，从而实现效率，市场通过利益刺激效率提升，促进社会福利的提高。多项研究结果证实，GPO 确实可以降低医疗费用、提高效率，与标准的经济推理一致。标准经济学原理可以解释为什么 GPO 会降低医疗费用：医疗卫生机构自愿通过 GPO 采购，并非外力强制执行，医疗卫生机构也可以直接从供应商处采购。如果 GPO 中介采购增加了医疗卫生机构的成本，则医疗卫生机

构将没有动机加入 GPO。因此，从经济学逻辑上讲，相对于直接采购，GPO 必须降低医疗卫生机构的采购成本（或提供其他收益）。

2014 年 Burns 和 Yovovich 对部分医院中负责供应链管理的高管的调查显示，超过 80%的受访者强烈同意或同意他们使用的 GPO 确实可以提高绩效，88%的受访者认为 GPO 通过实现较低的采购价格为医院带来了资金节省，86%的受访者认为 GPO 带来了明显的成本节约和改进，84%的受访者认为 GPO 通过合同的标准化节省了医院的资金。84%的受访者对其加入 GPO 所实现的“团购和其他折扣”表示非常满意或满意。根据医疗供应链协会（HSCA）于 2019 年 5 月对美国医疗保险和医疗补助服务中心（CMS）数据的最新分析发现，GPO 每年可以为医疗卫生行业节省多达 341 亿美元的费用，并且在未来十年内将节省高达 4 566 亿美元的医疗卫生支出。

GPO 在医疗供应链中的角色

GPO 在医疗供应链中扮演着“中间人”的角色，其通过集中大规模订单，与上游供应商谈判价格，获取高折扣，为下游医疗机构争取较低的采购价格。GPO 在供应链中的关键作用是为上游扩大销售规模，为下游提供更低的价格。

对上游供应商（包括制造商和分销商）而言，GPO 通过集中下游医疗机构的需求与供应商谈判议价并签订合同，有利于扩大供应商的市场规模，提高对下游医疗机构的覆盖率。另外，供应商不再需要与医疗机构逐个谈判，不仅可以节约与众多医疗机构打交道的交易及营销成本，而且提高了企业的经营效率。另外，可以预估需求量，降低压货、缺货等风险，降低运营成本，此外，产品采购量可以得到充分保证，虽然降低了集中采购订单商品的单价，但不会影响供应商的总体实际利润。

对下游医疗机构而言，GPO 通过专业化的分工合作，降低采购中间环节的复杂性，可以获得更低的采购价格。此外，GPO 提供的各类增值服务可以帮助医疗机构提高医疗服务水平，使其更加专注于为患者提供更好的医疗服务。

对政府监管部门而言，GPO 作为第三方机构承担药品采购工作，政府相关部门仅须做好监管工作，保证医药市场的公平竞争，无须过多参与琐碎的价格谈判和采购事物，节省了政府部门的人力、物力。

（一）GPO 降低了交易成本

交易成本是指供应链中与医疗用品销售和购买相关的管理成本。经济学理论认为，如果竞争性市场中的 GPO 不能最大限度地减少交易成本，GPO 很可能被竞争对手或医疗卫生机构自行采购所取代。因此，GPO 的关键作用之一就是降低医疗产品和服务供应链中的交易成本。GPO 主要通过减少供应商在合同制定、合同谈判和合同管理上花费的时间和精力，将“申请招标文件”（RFP）流程与议价结合起来，以确定医疗用品的价格，以及使用其基于供应商的筹资机制（供应商支付 GPO 管理费用）降低交易成本。

1. 通过减少谈判次数降低交易成本和管理成本　医疗服务产品和服务供应的获取过程非常复杂，涉及成万上千的供应商向成千上万的医疗卫生机构销售数万种药品、设备、产品和服务。例如，仅 Premier 公司就与大约 1100 个供应商签订约 2000 份合同，涉及广泛的产品和服务，包括医疗和外科产品、药品、实验室用品、资本设备、信息技术、设施和建筑、食品和其他服务。因为价格谈判频繁且谈判过程复杂，所以通过减少谈判次数来节约交易成本的空间很大。

GPO 与谈判次数

假设有 1000 个供应商分别向 1000 家医院销售产品，每家医院销售的产品种类为 10，如果每个供应商分别与每家医院进行价格谈判，最终会举行 100 万次谈判来确定多达 1000 万个产品的价格。GPO 大大减少了谈判次数和产品价格，如果 GPO 代表其成员为每种产品谈判一个价格，则谈判次数从 100 万降至 1000，所谈判的产品价格数量也从 1000 万降至 1 万。即使 GPO 除了与供应商签订合同外，还与每个成员签订合同，谈判的次数也会大幅下降，从 100 万次降至 2000 次：GPO 与供应商之间的谈判次数为 1000 次，供应商和 GPO 与医院之间的谈判次数为 1000 次。

GPO 为其协商的每个合同提供一系列服务，包括合同制定、协商和管理。通过 GPO，使医疗卫生机构可以避免逐个与供应商协商、制定、管理合同，降低医疗卫生机构和供应商的交易成本并节约资源。2009 年 Schneller 进行的一项调查发现，个别医院将需要增加 115%的劳动力（超过 9 个全职员工）才能取代其 GPO 履行的职能，因为 GPO 同时为数百或数千个医疗卫生机构执行这些功能，所以随着 GPO 所覆盖的医疗卫生机构数量的增加，节省的劳动力也随之增加。研究表明，GPO 将医院的供应成本降低了 18.7%，仅管理职责的转变每年就为医疗卫生机构节省了超过 20 亿美元。

有调查研究对样本医院相关数据的分析表明，采用 GPO 后，平均每份合同能节省 1367 美元的费用，见表 6-1。

表 6-1　参与 GPO 后每个合同节约的成本　（单位：美元）

活动	医院自订合同成本	使用 GDP 后的医院合同成本	节约的成本（占比）
确定产品需求	265	174	91（34%）
确定产品用途	251	120	131（52%）
部门会议用户投入	208	109	99（48%）
访问供应商名单	68	20	48（75.1%）
BID 或 RFP 准备	379	14	365（96%）
发送 BID 或 RFP	40	2	38（95%）
解答供应商问题	150	48	102（68%）
分析标书	295	101	194（66%）
进行产品评估	520	450	70（13%）
决定产品选择	180	143	37（21%）
实施合同	633	462	171（27%）
记录保存	25	16	9（36%）
监察合同履行	70	65	5（7%）
监控市场竞争力	33	26	7（21%）
总计	3 117	1 750	1 367（44%）

数据来源：Eugene S. Schneller. Value of Group Purchasing in the Healthcare Supply Chain。

研究显示，GPO 的筹资模式是降低交易成本的主要原因。GPO 行业竞争激烈，因此 GPO 的筹资机制（供应商支付一定的管理费用）是一种将交易成本降至最低并节约成本的机制。在市场经济中，市场力量促使价格形成，使交易成本最小化。进入和退出等市场力量及对获利的渴望会导致低效，因此低利润的定价制度会被更高效的定价机制度所取代。定价制度包括其定价机制（如拍卖、谈判、以标价购买）、是否通过具有中介角色的公司（如 GPO）进行交易，以及这些公司的筹资方式等均可能会影响交易成本。如果一个 GPO 采用了一种不能使成本最小化的筹资机制，那么它就有可能被其他能使成本最小化的 GPO 所取代，或者被医疗卫生机构的直接采购策略所取代。当前由供应商支付一定管理费用的 GPO 筹资机制使交易成本最小化，最终会使医疗卫生机构节约成本。

美国医疗供应链协会估计，一个全国性 GPO 可以为大约 3000 家医院和 10 万个非急性医疗卫生机构提供服务，并与大约 2500 个供应商签约，从 2500 个供应商处收取费用可能比从 10 万个医疗卫生机构收取费用更为有效，基于医疗卫生机构的筹资模式可能会导致收取费用的成本增加。

2. RFP 流程与议价结合所节约的交易成本让医疗卫生机构受益　GPO 将 RFP 流程与议价结合起来，以确定医疗用品的价格。向多个供应商发出的 RFP 会创建一种类似于拍卖的形式，在这种拍卖方式中，供应商通过竞标提供一种或多种产品。但价格不是 GPO 评估 RFP 出价的唯一因素，GPO 在确定合同授予时会审查供应商提供的整体价值主张，包括价格和非价格方面的维度，其中非价格维度包括产品质量、临床功效、服务、供应商信誉和供应能力等内容。GPO 通常根据评估委员会的建议缩小供应商的范围，然后与各个供应商进一步协商有关条款。

节约供应商成本可使医疗卫生机构受益，如降低医疗卫生服务产品价格。假设 GPO 向若干具有竞争关系的供应商发出某种医疗产品的 RFP，出于说明的目的，这些供应商的信息是对称的，且对彼此的成本信息比较知情，此时如果不考虑非价格因素，卖方的竞争性投标将促使其提出的价格降至其单位成本。因此，如果 GPO 能够降低供应商的交易成本，那么 RFP 流程所降低的供应商的价格就接近所降低的交易成本（对供应商而言，节约的交易成本可以弥补降低商品价格的损失）。如果供应商之间存在不对称（如质量不同）并且关于其竞争对手的信息不完整，那么 RFP 流程通常只会给供应商带来小部分的费用节省。

在大多数情况下，GPO 与选择通过 RFP 投标的单个供应商进行谈判，谈判将部分节约的交易成本转移给医疗卫生机构。特别是双边议价的既定原则，谈判价格将根据谈判者的相对议价优势来划分交易的收益，交易成本的减少使得交易的总收益增加。只要双方具有一定的议价能力，双方都将从降低成本中受益。例如，如果两家公司具有相同的议价能力，则协商的产品价格将下降为卖方所节约交易成本的一半。

换句话说，无论价格是通过 RFP 流程议价还是某种组合形式来确定，供应商所节约的交易成本都会降低医疗卫生机构的运营成本，从而也降低总体医疗成本。

（二）GPO 通过联合谈判降低医疗卫生产品和服务采购价格

1. GPO 的议价能力强　医疗卫生机构的议价能力部分取决于其拒绝协议可能给供应商所造成的损失的大小。如果供应商与医疗卫生机构未达成协议，且供应商几乎没有损失，则医疗卫生机构的议价能力很弱；而如果供应商损失很多，则医疗卫生机构的议价能力较强。

联合谈判的议价能力

假设某产品对医疗卫生机构的价值为 10 美元，而供应商可能需要花费价值约 8 美元的时间去协商。在这种情况下，如果供应商和医疗卫生机构具有相等的议价强度，在议价原则下将意味着协商的价格为 9 美元，给双方带来的净收益为 1 美元；如果供应商用于协商销售的时间成本降至 2 美元，在这种情况下，使净收益相等的价格为 6 美元，双方净收益为 4 美元。在第二种情况下，医疗卫生机构会得到一个较低的价格，因为如果不能达成协议，供应商的损失会更大，供应商会根据这个事实来协商一个更好的价格。一些关于联合谈判的经济学文献使用这个思路来解释采购者如何通过联合谈判而不是单独谈判来获得更低的价格。

当单个医疗卫生机构与供应商谈判时，医疗卫生机构的议价能力取决于为该机构提供服务的供应商所获得的增量收益。当多个医疗卫生机构组成一个 GPO 并作为一个整体进行谈判时，他们的议价能力取决于供应商在为所有医院提供服务方面所获得的平均收益。如果供应商为单个医疗卫生机构提供服务的增量收益小于其为所有医疗卫生机构提供服务的平均收益，那么意味着 GPO 为所有医院提供服务将比为单个医疗卫生机构服务取得更好的收益。

2. GPO 的批量折扣降低产品和服务价格，为所有规模的医疗卫生机构带来巨大收益 GPO 所签订的折扣合同，其折扣取决于医疗卫生机构所购买的产品数量，经济学理论认为数量和折扣都具有效率属性。

批量折扣价格策略

批量折扣价格策略亦称为数量折扣价格策略，是指对于大批量购买的买主，销售者根据其购买数量给予一定价格折扣的定价策略，其折扣的经济基础如下：由于大批量的销售可以加速资金的周转，减少利息支出，商品保管费用也相应减少。销售者将大批量销售中得到的好处让渡一部分给购买者，从而构成了批量折扣价格策略，即数量折扣价格策略。

与营销、采购和运输等相关的成本不但通常不会随物品所售数量成比例增加，而且会随着物品所销售数量的增长而下降，因此，当供应商的单位成本随销售量的增长而下降时会出现批量折扣。根据经济学理论，在这种情况下，供应商通过提供批量折扣来竞争客户，这种折扣降低了供应商的成本，患者和纳税人均会受益。另外，供应商必须销售更多的产品或吸引更多的客户。市场竞争力较强的供应商通常会提供较低的边际价格，通过提供批量折扣向买方销售更多数量的产品，而不是按简单的单位产品价格销售。产品单价的降低会使供应商在该产品销售上的利润降低，而在批量折扣下，边际价格只会在额外销售的产品上降低。即使供应商的成本不会随着销售数量的增加而下降，但供应商还是有提供批量折扣的动机，因为此类折扣可大大抵消供应商市场力量的潜在有害影响。

GPO 的非线性定价

一家医院将以 20 美元的单价购买 40 个单位的产品，以 19 美元的单价购买 41 个单位的产品，供应商会合理地拒绝以较低价格出售 41 件产品的提议，因为这降低了供应商的总收入（40×20=800，但 41×19=779）并增加了 1 件产品的生产成本。如果供给的边际成本低于 19 美元，则效率低下：医院对供给价格的重视程度超过生产成本，销售就不会发生。批量折扣是解决此问题的一种方法。例如，批量折扣为前 40 个单位产品提供 20 美元的单价，后续每个单位提供 18 美元的价格，使第 41 个单位被出售，使供应商和医院均受益。

这个例子很好地说明了经济学文献中的一个著名理论——非线性定价，即单价可能随购买数量而变化，可以使买卖双方受益。这种非线性定价带来的折扣可以降低医疗机构的成本，最终使医疗卫生服务成本降低，让利于患者。

GPO 在折扣的谈判过程中发挥了重要作用，扩大了折扣带来好处的范围。例如，一台价格较高的设备，医疗卫生机构可能购买，也可能不购买，但如果这些医疗卫生机构购买的话，将各自购买一台机器。在这种情况下，供应商在与单个医疗卫生机构打交道时，就没有动机提供基于数量的折扣。但是，在医疗卫生机构组成了一个汇集他们利益的 GPO 时，如果医疗卫生机构愿意为机器支付不同的金额，则 GPO 成员购买设备的数量可能随价格而变化，换句话说，GPO 的批量折扣是增加销售的有效途径。

GPO 通常以购买的份额而不是数量为条件提供折扣。这种机制的好处是某些产品的最佳批量折扣可能会受一系列因素（如医疗卫生机构的规模大小）的影响，从而在不同医疗卫生机构之间有所不同。通过根据购买份额而不是数量来确定折扣，GPO 可以通过单个合同将折扣扩展到所有会员医疗卫生机构。

（三）GPO 带来大量的医疗费用节省

鉴于 GPO 在医疗卫生机构与供应商之间的合同谈判中所扮演的角色，GPO

清楚了解众多医疗产品和服务的质量和价格。GPO 使得采购和供应决策具有较高效率和可预测性。GPO 与整个供应链中的实体（包括医院、疗养院、诊所和家庭医疗机构，以及众多其他医疗卫生服务组织）合作，从而为客户提供可视性的定价和价值信息。由卫生经济学家 Dobson DaVanzo 及其助手完成的研究报告显示，与不使用 GPO 服务的医疗卫生机构相比，GPO 将为使用 GPO 采购的照护机构和医院降低 13.1%的采购成本。

多项研究使用样本调查方法和其他基于假设的模型量化分析 GPO 为美国卫生系统节省的资金。Schneller 于 2009 年根据对医院的调查研究发现，GPO 每年可为其节省约 360 亿美元。Goldenberg 和 King 的研究显示，通过 GPO 采购，美国医疗卫生行业每年可以节省 293 亿～645 亿美元。尽管这些研究在方法上有一定的局限性，特别是其中一些数据来自医院管理人员的估计，但仍旧能提供重要参考。

根据美国医疗供应链协会（Healthcare Supply Chain Association，HSCA）于 2019 年 5 月对美国 CMS 数据的最新分析发现，GPO 每年可以为医疗卫生行业节省多达 341 亿美元的费用，并且在未来十年内将节省高达 4 566 亿美元的医疗卫生支出；GPO 每年可为老年医疗保险节省 89 亿美元的成本，并在未来十年内节省 1163 亿美元；GPO 每年可为低收入者医疗保险制度节省 68 亿美元的成本，并在未来十年内节省 901 亿美元。

二、GPO 在提高医疗产品质量、保障安全方面起到积极作用

GPO 通过专业化操作实现合理分工，可以优化中间采购环节，使医院不必在烦琐的采购事务上花费大量的时间和精力，进而更加专注于为患者提供更优质的医疗服务。HSCA 主席兼首席执行官 Todd Ebert 认为，GPO 能够帮助医疗机构节省可观的费用，并由此让他们能够把更多精力放在其核心医疗卫生服务工作上，为患者提供质量一流的医疗卫生服务。GPO 的作用之一是帮助医疗卫生机构选择高质量的产品。

在医疗产品安全方面，GPO 也发挥了重要作用。器械唯一标识（UDI）是对医疗器械在其整个生命周期赋予的身份标识。UDI 有利于提高供应链透明度和运作效率、降低运营成本，还有利于不良事件的监控和问题产品的召回，提高医疗服务质量。另外，当供应商处发生生产和供应中断的情况时，医疗机构很难在短时间内及时收到来自供应商的生产或供应中断的相关信息。这时，GPO 可以通过监测和预警，及时向医疗卫生机构通报药品短缺、医疗产品的召回等情况，并采取紧急补救措施。借助 UDI 的监测和预警功能，GPO 不仅会非常专业化地帮助医疗机构及时找到关键医疗产品的替代品，还会主动跟踪潜在短缺情况的信息，提

醒其成员医疗机构。UDI 的作用包括减少医疗差错、迅速识别出现不良事件的医疗器械、为已报告的问题制订解决方案、制订有效的器械召回解决方案等。除此之外，产品召回和安全隐患带来的利益损失也会成为促进生产企业转型的动力，对于督促企业完善质量管理体系、保证产品的有效和安全有一定的促进作用。

三、GPO 提供的增值服务在提高医疗卫生机构效率方面发挥了重要作用

美国 GPO 经过在资本市场多年的发展和演化，其业务范围已不仅限于价格谈判，而是逐步扩展到向医疗机构提供数据分析、产品标准化、市场分析、新技术评估、传染病防控、信息整合和共享等服务，从多个角度满足其提高患者就医的成本-效益产出等方面的需求。在资本市场多年的发展和演化也使得美国 GPO 与医疗机构的关系超出了节约成本的目标。GPO 通过提供具有竞争性的增值服务来提高与医疗机构的黏性，使其会员更加固定，不会轻易转投其他 GPO。

GPO 为其会员提供精细的多样化服务，主要包括以下方面：个性化合同，就特定的产品帮助客户与供应商协商；信息共享服务，作为信息中介辅助医疗机构决策；定制合同服务，对产品和需求进行专业化数据分析形成定制合同；支出分析，帮助医疗机构进行成本优化和性能比较；医院供应链流程优化，为医院解决电子商务方面的难题，加强采购管理；教育及培训服务，对医务人员提供有关创新技术的培训，以提升患者安全系数；战略性咨询服务，为医疗机构提供团队、流程和技术工具集，以提高人力资源绩效。

GPO 提供的这些增值服务在医疗机构科学管理中发挥参谋和智囊的辅助决策作用，在医疗服务市场开拓中起保障和导向作用，在动态跟踪与监测中起预警作用。对政府等医疗供应监管部门，只需做好 GPO 监管工作，以防止市场垄断、维护公平竞争，不必参与琐碎的价格谈判与采购等事宜。如此，既节省了人力、物力等消耗，又提高了工作效率。

四、GPO 促进了美国医疗卫生产品和服务供应链的整合与优化

当前，美国医疗机构与供应商和 GPO 已经形成了战略合作伙伴关系。GPO 不只是简单地帮助医疗机构通过购买最便宜的产品来节省大量资金，而是致力于降低整个销售和供应链的成本。通过与医疗机构的持续协商，GPO 逐渐确定和理解医疗机构的需求和目标。然后，他们与贸易伙伴合作，调整生产采购计划，以定向满足这些需求。最终的目标是通过优化整个供应链管理，实现成本节约，不局限于单个产品的成本，而是拓展至医疗商品的订购、交付、库存、支付、使用和处置的整个过程，甚至延伸至医疗卫生质量改进和患者安全提升。对采购、获取、接收、存储、转移和消费等医疗卫生商品的业务流程的广泛改进以获得较低

的成本。通过改进供应链管理，提高了临床照护过程的效率和成本效益，从而在医疗机构中取得更好的临床结果，进而为医疗卫生系统和患者节省费用。

五、GPO 增加医疗卫生机构、供应商间的相互联系，为供应商增值

GPO 增加医疗卫生机构之间的协作机会。GPO 将具有相关专业方向的医疗卫生机构连接起来，通过举办线上或线下的技能协作活动，让不同机构的医务人员或医院管理人员分享其最佳实践成果，讨论不同医疗服务的标准化进程、患者安全的注意事项或医疗服务的质量改进计划。

GPO 增加医疗卫生机构与供应商的相互联系。当供应商的某种产品供应出现问题时，GPO 通过及时与医疗卫生机构沟通，快速寻找替代品。当医疗卫生机构有购买相关产品的意向时，GPO 可以从供应商之间选择对医疗卫生机构来说最佳的优惠折扣，最大限度地满足医疗卫生机构的需求。

GPO 为供应商增值。GPO 积极与其成员合作，以鉴定、评估和签约创新性医疗技术。通过制订和共享最佳实践，GPO 可以复制并与所有客户共享成功经验，从而创建“知识社区”。作为销售过程的一部分，GPO 为供应商提供了巨大价值。GPO 建立和发展供应商和医疗卫生机构之间的关系，通过提高效率降低销售成本。GPO 还通过提供数据和信息、成长机会、教育和协作等方式提高供应商的信誉。供应商通过与 GPO 谈判，获得大量潜在会员的机会。

六、GPO 促进供应商产品创新

GPO 通过不断审查供应商的合同，确保其客户获得新产品和创新产品的机会。HGPII 的会员 GPO 努力利用创新性产品为其会员医疗机构创造机会，而这些产品并不包括在 GPO 当期所提供的首选产品列表中。为此，HGPII 的会员 GPO 允许其会员医疗机构直接与提供创新产品的供应商谈判，这有利于医疗卫生行业的发展。此外，HGPII 的会员 GPO 也一直在监测新产品的进展情况，以便将其添加到以折扣价提供给会员的首选项目清单中。HGPII 会员积极参与商业实践，有助于及时识别和采用医疗用品、医疗设备和服务领域的新兴技术。这些措施的实施有效地推动了生产商新产品的开发和技术革新。此外，随着供应商销售间接费用的减少，相当于 GPO 为供应商腾出了资源，供应商可更专注于新产品的研究和开发。

七、政策法规的不断完善为 GPO 的发展提供了保障

在 GPO 不断发展和演化的过程中，联邦政府和行业协会对 GPO 在资金监管、市场公平竞争、行业规范和道德准则等方面出台相关政策和法规，以约束 GPO 的

行为，限制其在药品采购中的潜在垄断风险，纠正 GPO 发展中的问题，确保了 GPO 集团采购模式长期可持续发展。GPO 受美国司法部、卫生与公众服务部监察长办公室和联邦贸易委员会等部门的共同监管。

在《联邦反回扣法》中增加关于 GPO 的安全港条例，允许供应商在合同中规定向 GPO 支付固定金额或购买金额的固定百分比（不高于 3%）的费用，解决了 GPO 筹资机制的合法化问题，为 GPO 发挥降低交易成本和医疗费用的作用奠定了法律基础。

多次修订《卫生保健反垄断执法政策声明》，以加强对 GPO 的约束和执法，防止垄断。美国司法部和美国联邦贸易委员会提出两个定量指标：限制医疗机构通过一个 GPO 采购某一产品或服务的数量不超过 35%；医疗机构通过某一 GPO 采购的总额低于总额的 20%；以控制 GPO 组织的采购行为，避免 GPO 扰乱市场秩序，造成垄断。

通过医疗集团采购行业倡议、医疗供应链协会等，建立和确保实施医疗集团采购行业的最高道德标准和商业行为规范，倡导 GPO 会员与所有立法和监管机构合作，确保在卫生行业开放和竞争的市场中采取公平和高效的采购做法。通过制定 GPO 行为准则（GPO Code），包括法律合规性、供应商付款信息披露、利益冲突、产品创新等方面，使医疗用品采购市场更加透明和有竞争力，确保患者获得最高质量的医疗服务。

第二节　美国 GPO 面临的挑战与改革方向

美国医疗卫生机构在过去二十年中已经越来越多地依赖 GPO。医院购买一切医疗用品，从心脏除颤仪到生理盐水，均可通过 GPO 谈判达成采购合同。通过集中购买，以更低的价格从供应商（含生产商和分销商）处获得产品，这种价格优势又将推动更大规模的 GPO 组织产生，最终造福医院，使消费者和纳税人也从中获益。美国的 GPO 模式在 20 世纪取得了巨大的成功，但也面临着一些挑战和困难。2018 年，美国卫生费用占国内生产总值的比重达到 17.7%，医疗卫生费用上涨的压力及对价值医疗的相应关注激发了 GPO 有不断向前发展并保持成功的动力，同时也提醒 GPO 需要通过创新，提供高效的解决方案来应对这些挑战。

一、小型供应商的发展受到阻碍，应推动纳入小型供应商，保护创新产品

监管机构对 GPO 的某些做法（如独家合同或捆绑合同）进行了严格审查，认为独家合同和捆绑合同等做法阻碍了较小的供应商的发展。有调查显示，医院物资管理人员对 GPO 获取创新产品的满意度有所下降。

Masimo 的诉讼

GPO 加剧了供应商之间的价格竞争，有时会将利润降到不合理水平，这降低了生产者产品创新的动力和积极性。供应商可能会通过降低产品质量、减少研发经费等方法降低产品成本，最终影响患者权益。在某些情况下，GPO 的唯一供应商合同安排可能会扼杀医学创新。例如，技术公司 Masimo 在开发新型脉搏血氧仪时发现该公司无法通过 GPO 出售这一产品。当时在脉搏血氧仪市场上占有多数份额的行业巨头 Tyco International 支付了卖方费用，以确保市场优势。GPO 继续列出 Tyco 的产品，但不包括 Masimo 的产品。Masimo 最终提起了反托拉斯诉讼并胜诉，使其能够通过 GPO 出售产品。

因此，美国 GPO 需要继续推动较小和多元化程度较低的供应商加入，这些供应商可能拥有利基市场或创新产品，可以为现有问题带来新的解决方案。

什么是利基市场?

利基市场（Niche market）又称缝隙市场、壁龛市场、针尖市场，指那些被市场中的统治者或有绝对优势的企业忽略的某些细分市场。利基市场是指企业选定一个很小的产品或服务领域，集中力量进入并成为领先者，从当地市场到全国再到全球，同时建立各种壁垒，逐渐形成持久的竞争优势。

理想的利基市场大致具有以下 6 个特征。

1. 狭小的产品市场，宽广的地域市场。利基战略的起点是选准一个比较小的产品（或服务），这是利基战略的第一要素。集中全部资源攻击很小的一点，在局部形成必胜力量，这是利基战略的核心思想。同时，以一个较小的利基产品占领宽广的地域市场，这是利基战略的第二要素。产品有非常大的市场容量，才能实现规模经济，经济全球化的市场环境正好为其提供了良好条件。

2. 具有持续发展的潜力。一是要保证企业进入市场以后，能够建立起强大的壁垒，使其他企业无法轻易模仿或替代，或是可以通过有针对性的技术研发和专利，引导目标顾客的需求方向，引领市场潮流，以延长企业在市场上的领导地位；二是保持市场的目标顾客有持续增多的趋势，利基市场可以进一步细分，企业便有可能在这个市场上持续发展。

3. 市场过小、差异性较大，以至于强大的竞争者对该市场不屑一顾。既然被其忽视，则一定是其弱点，反过来想，也可以在强大竞争对手的弱点部位寻找可以发展的空间。所谓弱点，就是指竞争者在满足该领域消费者需求时所采取的手段和方法与消费者最高满意度之间存在的差异，消费者的需求没有得到很好的满足，这正是足可取而代之的市场机会。

4. 企业所具备的能力和资源与对这个市场提供优质的产品或服务相称。这就要求企业审时度势，不仅要随时测试市场，了解市场的需求，还要清楚自身的能力和资源状况，量力而行。

5. 企业已在客户中建立了良好的品牌声誉，能够以此抵挡强大竞争者的入侵。

6. 这个行业最好没有统治者。

二、大型 GPO 存在垄断风险，应加强反垄断措施

如今的 GPO 组织与早期的组织有根本不同。作为高度集中的寡头垄断，行业成员有机会赚取运营过程中高于平均利润水平的大量非市场资金。同时，该行业受到政府豁免的保护，有利用这些寡头垄断条件来实现利润的动机。监管机构和客户对 GPO 的监督仍需进一步加强，缺乏监督将进一步加剧代理中的问题。这种情况已作为道德风险在经济学领域中被广泛研究。每当委托人不能完全监视代理人的行为并且代理人不承担其冒险行为的总成本时，就会出现这种情况。

目前，美国国内的大型 GPO 集团正通过利用它们日益增强的寡头垄断能力不断增加利润水平。由于当前的 GPO 主要是营利性组织，它们在很大程度上也是私有的，通过对产品和服务的供应商和用户的严格控制，他们能够颠覆自由市场规律。因此，GPO 在美国医疗系统中应进一步提高透明度和完善责任制。

主要改革方向：①需要监督和执法部门加强评估和执法，加强反垄断措施，切实发挥 GPO 应有的职能和效果。②在医院供应和医疗器械市场鼓励竞争与创新。③进一步整合医疗卫生机构的购买力，降低医疗费用。④避免由 GPO 带来的利益冲突和其他不道德行为。

三、对 GPO 开展的合理活动界定尚不清晰，应完善 GPO 的行业准则

完善 GPO 的行业行为准则，清晰描述 GPO 应该合理开展的各项活动，以及不能从事的活动。明确 GPO 对行为准则的执行情况，做出虚假和不正确的声明时应承担法律责任，并受到民事甚至刑事处罚。行业行为准则还必须具有独立的治理流程，以监测 GPO 的有关活动。将 GPO 的主要活动（即管理与供应商的团购合同的谈判）与从供应商处收取的管理费收益分开，也是值得考虑的做法。

将 GPO 的正式报告视为“隐含合同”，这些报告中的任何虚假主张都将受到

法律诉讼和处罚。允许受害方对 GPO 采取行动，在这种情况下，基于其对行业行为准则遵守情况的自我评估报告将被视为 GPO 活动的事实陈述。

四、确定产品“价值”具有挑战性，需制定全国统一的医疗产品价值评估体系和标准，为选择医疗产品提供有力的证据支持

由于必须同时考虑医院、医生和患者的需求，当前不断增长的医疗设备种类可能使 GPO 对产品的选择变得困难。许多 GPO 通过临床参与、教育活动及价值分析委员会的证据支持来促进决策过程，但是对产品的循证评估在美国不同地区的执行程度和标准有所不同，主要是因为医疗卫生机构没有在一个统一的体系下运作。确定“价值”也十分具有挑战性，因为不同地区面临的挑战不一样，不同的医疗卫生机构可能会重视价值的不同方面的特征。有必要在对产品的价值和证据进行评估时进一步提高效率和标准化，以提高评估方法在全国范围内执行的一致性。

五、受供应短缺困扰，应提高合同的适应性

在过去的 15 年中，药品短缺情况急剧增加，在 2005～2010 年，药品短缺数量增长了两倍。尽管药品短缺受临床、经济、法律、政策和监管等因素影响，但美国食品药品监督管理局（FDA）指出，由于在供应中断时找到其补偿与替代供应商方面仍存在较大挑战，所以美国供应系统是非常脆弱的，容易受到供应短缺的困扰。尽管 GPO 试图通过双货源合同和对供应链的持续监控来缓解这些情况，但未来应该考虑采取各种能使合同更具适应性的措施。

六、增值服务为医院管理带来挑战，应加强培训，探索增值服务的付费机制

GPO 及其增值服务日益复杂，可能给医院采购人员带来管理上的挑战，并给医院带来后勤方面的挑战。管理人员可能需要预先获得额外资金来支付服务或运行新的软件、技术或流程。尽管这些可能会带来前期成本方面的挑战，但这些投资能够通过提高供应链效率或产出的改善，快速为医院带来效益。医院根据自身发展需要选择合适的增值服务，可通过开展对采购人员和后勤人员的培训，探索改变部分增值服务的付费机制，提高医院对于增值服务的可及性。

第三节　美国 GPO 的启示

美国 GPO 成立 100 多年来，相关法律制度环境不断健全，行业协会监督和自

我约束机制不断完善，GPO 不断发展壮大，经历了由少到多，再由多到精的发展过程，GPO 对美国市场的平均渗透率达到 60%。GPO 通过减少谈判次数降低交易成本、批量采购降低医疗服务价格、提供增值服务提高医疗卫生机构效率，促进了美国医疗产品供应市场的全面竞争和产品创新，为美国医疗卫生体系节省了大量医疗费用，为患者和纳税人节省了资金。美国 GPO 制度设计与运行机制方面的内容可供学习和借鉴。

一、不断健全的法律和政策环境是 GPO 发展的基石

法律法规是一切组织和个人的行为准则。美国 GPO 的发展也离不开法律法规的支持和约束。在 GPO 100 多年的发展中，联邦政府各部门和行业协会一直致力于不断完善 GPO 管理和规范，定期对 GPO 组织行为进行调查评估，并对 GPO 的利益相关方进行行为规范。

（一）在法律层面规定 GPO 的筹资来源，承认其合法性

美国在《联邦反回扣法》中增加关于 GPO 的安全港条例，允许供应商在合同中规定向 GPO 支付固定金额或购买金额的固定百分比（不高于 3%）的费用，此举解决了 GPO 筹资机制合法化的问题，为 GPO 发挥降低交易成本和医疗费用的作用奠定了法律基础。

（二）在法律层面为 GPO 设定相关标准，以控制 GPO 的采购行为，防止垄断

多次修订《卫生保健反垄断执法政策声明》，加强对 GPO 的约束和执法。通过设置相关采购指标来控制 GPO 组织的市场势力，避免过高的市场集中度，避免垄断。

（三）加强对 GPO 的监管，纠正其发展中的问题

GPO 受美国司法部、卫生与公众服务部监察长办公室和联邦贸易委员会监督。加强监管的目的是确保 GPO 集团采购模式长期可持续性发展。

（四）倡导行业自律

美国成立了医疗集团采购行业倡议、健康产业团体采购协会、健康供应链协会等组织，建立和实施医疗集团采购行业的最高道德标准和商业行为规范，倡导 GPO 成员与所有立法和监管机构合作，确保在卫生行业开放和竞争的市场中采取公平和高效的采购做法。

二、完善的运行机制是 GPO 实现服务有效供给的根本条件

美国 GPO 的运行机制已较为完善，主要包括独立的第三方组织、标准化的采购流程、合法的筹资机制、健全的监管手段等，这些是 GPO 实现美国医疗卫生产品和服务有效供给的根本条件。

（一）独立的第三方组织

美国 GPO 是介于医疗卫生机构和供应商（含生产商和分销商）之间的非政府第三方组织，通过汇集医疗卫生机构需求，与制造商、分销商和其他供应商进行合同谈判，使医疗机构和政府机构远离繁杂的物料采购事务，降低生产商营销成本，提高经营效率。

（二）标准化的采购流程

GPO 通过竞价招标的方式订立合同，运行的基本流程包括发标、投标、评标、谈判及磋商、订立合同和供应商交付等。在标准的采购流程下，通过直销、分销、RFP 流程与议价相结合等形式，批量采购产品。

（三）合法的筹资机制和健全的监管手段

通过法律途径解决 GPO 筹资机制的合法化问题，并充分利用法律法规、行业自律等监管手段约束 GPO 行为，限制其在药品采购中的潜在垄断风险，纠正其发展中遇到的问题。

三、开放的市场是 GPO 进行公平、充分竞争的条件

GPO 模式能够有效降低药品采购价格，节省医疗开支并减轻患者负担，GPO 之间的公平竞争是实现上述目标的关键。开放 GPO 市场，允许 GPO 之间进行公平和充分的竞争，促使 GPO 向医疗卫生机构提供最具价值的服务和产品。

（一）开放的市场确保准入的公平，符合条件的 GPO 可以自主决定是否参与竞争

对于医院来讲，GPO 组织应该是一个充分竞争的市场，符合条件的 GPO 可以自主决定是否参与竞争。美国在医疗领域的 GPO 组织即使经过大规模的兼并收购，目前也仍有 100 家参与市场竞争。

（二）医疗卫生机构对是否选择 GPO 及选择哪些 GPO 有充分的自主权

在美国，医疗卫生机构有选择两家以上 GPO 的充分自由权。当制定了集中采购合同后，还是要由医院决定在各种情况下哪种产品最适合并进行最合适价格的购买。医疗卫生机构仍然可以自由进行非 GPO 合同采购，这种非 GPO 合同采购也很常见。

（三）供应商对是否通过 GPO 销售产品和直接向医疗卫生机构提供产品有充分的自主权

GPO 可大幅降低供应商的供应成本，通过减少在合同开发、谈判和管理上花费的时间和精力，可以降低商品和服务的价格，降低交易成本，从而节省开支。医疗供应商也可以直接给医疗机构提供产品，即使在医院或供应商选择协商独立购买协议的情况下，他们仍然可以将 GPO 协商的价格作为起点与供应商继续议价，从 GPO 成员资格中获取价值。

四、批量采购和基于价值的评估是 GPO 运行的重要抓手

GPO 最显著的特点是通过单个合同完成大批量产品和服务的购买，从而获得较高的价格折扣，减少产品交易成本。特别是对于产品存在差异化竞争的医药市场，研发与生产成本相对固定，一旦被承诺大批量购买，供应商必然会提供更大的价格折扣。

（一）为医疗卫生机构提供批量折扣

GPO 所签订的折扣合同，其折扣取决于医疗卫生机构所购买的产品数量，经济学理论认为数量和折扣具有效率属性。美国供应商的批量折扣采用非线性定价，这是消费者就某一商品或服务支付的总价格同购买的总数量不成线性比例的一种定价方式，这种非线性定价带来的折扣会降低医疗卫生机构提供医疗卫生服务的成本。

（二）基于价值的评估使医疗卫生机构采购的产品和服务更具价值

GPO 采购除了关注成本外，还应关注产品的综合价值。加拿大和墨西哥等一些国家的采购实践已经表明，仅关注采购价格会阻碍医疗卫生机构获得优质的医疗服务。美国 GPO 经过 100 多年的发展，从短期来看是节省采购价格，但更加看

重的是产品的综合价值，以确保中、长期成本的节约。

五、灵活参与的会员制是激发 GPO 间相互竞争的重要因素

灵活的会员参与机制可以促进 GPO 之间的竞争，为会员医院提供更好的服务、更优质的产品及更具竞争力的价格。同时还可以制约 GPO 的商业行为，使 GPO 不会因购买高价或不合格产品而损害医院及患者的利益。

（一）医疗卫生机构可以自主选择 GPO 及其服务

会员医疗卫生机构可以自主选择参与方式，既可以直接根据 GPO 与供应商谈判商定的结果达成采购意向，也可以在这一基础上与供应商或 GPO 进一步谈判，追求更低的价格。

（二）医疗卫生机构可以自主选择 GPO 以外的交易方式

为促进产品之间的竞争，GPO 订立合同可以选择多个供应商。如果 GPO 只和一家供应商签订协议或者会员医院对 GPO 选择的产品不满意，医院可以进行合同外交易，如与其他 GPO 合作、直接与供应商谈判交易、与其他医院自行组成采购联盟进行批量购买，或从零售商或批发商处直接购买。

六、提供增值服务为 GPO 的不断发展提供动力

GPO 在采购过程中积累了大量信息，收集、整理、分析这些沉淀信息，使之由无序变为有序，可以获得额外的价值。GPO 提供增值服务可以提高自身竞争力，提高医疗机构的服务效率。增值服务在医疗机构科学管理中发挥参谋和智囊的辅助决策作用，在医疗服务市场开拓中起保障和导向作用，在动态跟踪与监测中起预警作用。

除了提供医疗产品外，应该从整个医疗卫生服务提供模式的角度来考量 GPO 所提供的产品和服务，从而提高整个卫生体系的效率。不同的医疗机构因类别、规模、服务群体不同，从而选择不同的增值服务。美国 GPO 目前的增值服务主要包括信息共享、定制合同、托管服务和长期护理等。近年来，GPO 的增值服务逐渐走上品牌化的道路，一些大型 GPO 开始寻求形成品牌化的增值服务，以形成与其他 GPO 的竞争优势，如优化医疗供应链、数据分析、电子商务、战略咨询服务，以及教育和培训服务等。GPO 打造自身品牌服务，不仅可以增强自身辨识度，拉开与竞争对手的差距，而且便于医疗机构对其服务进行客观判断，增强医疗机构的购买信心。

小　　结

GPO 提高了美国供应链的效率，为美国医疗卫生机构提供了多种医疗卫生产品和服务，有效地推动了美国医疗卫生服务的供给，通过降低采购交易成本和医疗产品价格，为美国医疗卫生机构、患者和纳税人节省了大量资金，促进了医疗卫生服务和产品招标市场的竞争。GPO 在提高医疗产品质量、保障医疗用品安全、通过提供各类增值服务提高医疗机构服务效率方面发挥了重要作用。

美国的 GPO 模式在 20 世纪取得了巨大的成功，但也面临着一些挑战和困难。这些挑战激发了 GPO 不断向前发展并保持对成功的需求。GPO 需要通过创新、高效的解决方案来应对这些挑战。

不断健全的法律、法规环境，开放的促进公平、充分竞争的市场，批量采购和基于价值的评估，灵活参与的会员制，提供增值服务等因素为美国 GPO 不断发展提供动力，可资学习和借鉴。

参 考 文 献

Brien OB, Leibowitz J, Anello R. [2020-03-20]. Group-purchasing-organization: How GPOs reduce healthcare costs and why changing? Their funding mechanism would raise costs-A legal and economic analysis. https://www.ftc.gov/system/files/documents/public_comments/2017/12/00222-142618.pdf

Burns RL, Yovovich R, 2014. Hospital supply chain executives' perspectives on group purchasing: Results from a 2014 national survey. [2020-04-04]. https://c.ymcdn.com/sites/www.supplychainassociation.org/resource/resmgr/Research/AHA_AHRMM_Wharton_2014_Surve.pdf

Dobson A, Heath S, Luu PH, et al, 2019. A 2018 Update of cost savings and marketplace analysis of the health care group purchasing industry. [2020-03-20]. https://www.supplychainassociation.org/wp-content/uploads/2019/05/HSCA-Group-Purchasing-Organizations-Report-FINAL.pdf

Goldenberg DE, King R, 2009. A 2008 Update of cost savings and a marketplace analysis of the health care group purchasing industry. [2020-03-20]. https://www.supplychainassociation.org/wp-content/uploads/2018/05/goldenberg_king.pdf

Healthcare Supply Chain Association. [2020-03-20]. A primer on group purchasing organizations: Questions and answers. https://www.higpa.org/resource/resmgr/research/gpo_primer.pdf

Marvel HP, Yang HX, 2008 . Group purchasing, nonlinear tariffs, and oligopoly. International Journal of Industrial Organization, 26(5): 1090-1105

Nagarajan M, Greys B, Soši B, et al. 2010. Stable group purchasing organizations. SSRN Electronic Journal. 10.2139/ssrn.1138918

Organization for Economic Cooperation and Development, 2016 . Roundtable on fidelity rebates—Note by the United States. [2020-04-05]. https://www.ftc.gov/system/files/attachments/us-submissions-oecd-2010-present-other-international-competition-fora/1606fidelity_rebates-us.pdf

Schneller ES. [2020-03-20]. The value of group purchasing—2009: Meeting the needs for strategic savings. https://www.supplychainassociation.org/wp-content/uploads/2018/05/schneller.pdf

Stole LA, Zwiebel J, 1996. Intra-firm bargaining under non-binding contracts. The Review of Economic Studies, 63(3): 375

Williamson OE, 1979. Transaction-cost economics: The governance of contractual relations. The Journal of Law and Economics, 22(2): 233-261

Willig RD, 1978. Pareto-superior nonlinear outlay schedules. The Bell Journal of Economics, 9(1): 56-69

中英文词汇对照表

英文	中文
A	
Ambulatory surgery center，ASC	日间手术中心
American Arbitration Association，AAA	美国仲裁协会
American Hospital Association，AHA	美国医院协会
Antitrust Laws	反托拉斯法（反垄断法）
Antitrust Procedural Improvements Act	反托拉斯程序修订法
B	
Bid calendar	投标日程表
Bottleneck delay	瓶颈延迟
C	
Celler-Kefauver Antimerger Act	塞勒-凯弗维尔反兼并法
Centers for Medicare and Medicaid Service，CMS	美国医疗保险和医疗补助服务中心
Clinical decision support，CDS	临床决策支持系统
Clinically integrated network	临床医生协作网络
Committed program	承诺程序
Contract administration fee，CAF	合同管理费
Contract bid calendar	合同投标日历
Contract governance	合同遵守管理
Contract price	合同价格
Custom contracting	定制合同
D	
Data analysis	数据分析
Department of Health and Human Services，HHS	卫生与公众服务部
Department of Justice，DOJ	司法部
Diagnosis related group，DRG	疾病诊断相关分组
Dietary procurement	膳食采购服务
Drug purchase	药品采购服务

续表

英文	中文
Dual-source contract	双货源合同
E	
Education and training services	教育及培训服务
Electronic commerce	电子商务
Electronic health record，EHR	电子健康记录
Ensuring Competition in Hospital Purchasing Act	医院采购竞争保障法案
F	
Federal Trade Commission，FTC	联邦贸易委员会
Fee for service，FFS	服务付费
Food and Drug Administration，FDA	食品药品监督管理局
Federal Anti-Kickback Statute	联邦反回扣法
G	
Global Healthcare Exchange，GHX	全球医药交易中心
Global Location Number，GLN	全球位置码
Globe standard 1，GS1	国际物品编码协会
Government Accountability Office，GAO	政府问责局
GPO Code	GPO 行为准则
GPO dominated purchasing	GPO 主导型采购
Grievance process	申诉流程
Group Purchasing Organization，GPO	集团采购组织
H	
Hart-Scott-Rodino Antitrust Improvement Act	哈特-斯科特-罗迪诺反托拉斯改进法
Healthcare Supply Chain Association，HSCA	医疗供应链协会
Healthcare Group Purchasing Industry Initiative，HGPII	医疗集团采购行业倡议
Health Industry Group Purchasing Association，HIGPA	医疗产业集团采购协会
Healthcare provider	医疗机构
Home health agencies	家庭健康照护机构
Hospice By The Bay	海湾疗养院
Hospital Group Purchasing Organization Reform Act	医院集团采购组织改革法案
Hosting service	医疗代理管理服务

续表

英文	中文
I	
Illinois Health and Hospital Association，IHA	伊利诺伊州卫生和医院协会
Information sharing	信息共享
Integrated Delivery Network，IDN	整合型服务网络
L	
Long-term care	长期照护
Long-term care facility	长期照护机构
Long-term contract	长期合同
M	
Machine learning，ML	机器学习
Medicaid	医疗救助
Medical Device Competition Act	医疗器械竞争法案
Medical equipment procurement	医疗器械采购
Medical supplies procurement	医用耗材采购
Medicare	美国医疗保险
Multi-source contract	多货源合同
N	
Natural language processing，NLP	自然语言处理
Negotiation	谈判
Niche market	利基市场
Non-bid contract	非招标合同
O	
Office supplies procurement	办公用品采购
Office of Inspector General for the Department of Health and Human Services，HHS-OIG	卫生与公众服务部监察长办公室
Optimization healthcare supply chain	优化医药供应链
P	
Performance services	绩效服务
Personal protective equipment，PPE	个人防护设备
Pharmacy benefit management，PBM	药品福利管理机构
Pharmacy group	药房组织
Physician offices	医师诊疗所
Preserving Access to Life-Saving Medications Act	保护获得救命药物法案

续表

英文	中文
Priority healthcare payments	医疗优先支付
Procurement demand	采购需求
Prospective payment system，PPS	预付费系统
Public Accountability Questionnaire，PAQ	公共问责问卷
R	
Request for Proposal，RFP	申请招标文件
Robotic process automation	智能化流程
S	
Safe harbor	安全港
Service Employees International Union，SEIU	服务业雇员国际工会
Service type	服务类型
Social Security Act	社会保障法
Sole-source contract	单一货源合同
Spend & Clinical Resource Management，SCM	支出和临床资源管理
Spending analysis	支出分析
Strategic advisory services	战略性咨询服务
Strategic manipulation of purchasing	策略管理型采购
Strategic outsourcing of contracting	策略外包型采购
Supply chain	供应链
Supply chain services	供应链服务
T	
Technology breakthroughs	技术突破
The Perioperative Heart and Vascular Center	围术期心血管中心
U	
Unique device identification，UDI	器械唯一标识
United States General Accounting Office	美国审计总署
University Health system consortium，UHC	大学卫生系统联合会
V	
Vendor grievance/inquiry policy	供应商投诉或咨询政策
Veterans Health Administration，VHA	退伍军人卫生管理局
W	
World Health Organization，WHO	世界卫生组织